Blumenwiesen
im Garten

Richtig anlegen & pflegen

SIEGFRIED
STEIN

blv

Was Sie in diesem Buch finden

Zwiebelblumen verlängern die Blütezeit   75

Vorwort

Wildblumen – herrlich für die Laune, ideal für die Umwelt

Kennen Sie diesen Traum? Von sonnigen Wiesen in unzerstörter Natur, von emsigen Bienen und Hummeln auf Nahrungssuche, von bunten Schmetterlingen, die beim Nektarsaugen von Blüte zu Blüte fliegen, von herrlichen Blumen und duftenden Kräutern. Auch berühmte Maler wie Claude Monet, Vincent van Gogh oder Emil Nolde träumten von herrlich bunten Blumenmeeren und haben sie in stimmungsvollen Bildern verewigt.

Vor mehr als 40 Jahren hatten wir den Traum einer blütenreichen Alpenwiese und glücklicherweise auch den magereren und unkrautfreien Boden dafür. Da unser Grundstück teilweise unter Bäumen lag, konnten wir den Traum nur teilweise erfüllen.

Doch die Vegetation hat sich angepasst, manche Arten verschwanden wieder, andere kamen von selbst hinzu. Trotz allem ist unsere Blumenwiese nach all den Jahren über das ganze Jahr wunderschön anzusehen, sehr praktisch in der Pflege und reizvoll für die Insektenwelt.

Wer sich erfreuen will an bunter Blütenpracht, wer seine Träume vom Frühling auf Mallorca, Kreta oder Nordafrika bewahren und zu Hause nachvollziehen möchte, der kann im eigenen Garten täglich gute Laune tanken und gleichzeitig etwas für die bedrohte Umwelt tun. Heute gibt es zahlreiche Möglichkeiten, die sich ganz einfach und preiswert umsetzen lassen. Das Spektrum reicht von Bienen- und Schmetterlingswiesen, die auf ökologische Bedürfnisse abgestimmt sind, über selbst gesammelte Samen bis hin zur kunterbunten Feldblumen- oder Nützlingsmischung, die schon nach wenigen Wochen in jedem Garten und mitten in der Stadt in Gefäßen auf sonnigen Balkonen und Terrassen erblüht.

Siegfried Stein

Mehr Natur im Garten – der Umwelt helfen

Blühende Wiesen haben in unsere Gärten Einzug gefunden, dabei stiehlt der einfache Charme wilder Blumen hochgezüchteten Prachtstauden die Schau. Der bunte Zauber der Blumenwiesen gefällt uns Menschen. Von ihm profitieren aber auch Bienen, Hummeln, Schmetterlinge, Ameisen und viele nützliche Helfer im Garten wie Schwebfliegen, Blattlauslöwen, Schlupfwespen, Laufkäfer und Marienkäfer. Besonders einfach gedeihen Mischungen aus wilden Sommerblumen, sie können schnell ein Feuerwerk an Farben entfachen.

Sie waren die Wegbereiter

Kaum zu glauben: Mitten in London am berühmten Hydepark und in Lady Dianas Gärten am Kensington Palace erfreuen sich Bürger und Touristen an blühenden Wildblumenwiesen mit rotem Mohn, blauem Salbei und strahlend weißen Margeriten. Verschwunden sind die ehemals so penibel gepflegten viktorianischen Beete und mehrfach pro Woche gemähten Rasenflächen, sie haben den Ideen von Prince Charles, einem Vorreiter der ökologisch ausgerichteten Bewegung, Platz gemacht. Ähnliche Pionierleistungen im Sinne der wilden Blumen vollbrachten in Amerika Lady Bird Johnson, die Gattin des ehemaligen Präsidenten Johnson und hierzulande die unvergessene Naturschützerin Loki Schmidt. Samenfirmen wie Sperli,

Kiepenkerl, Küpper, Dürr und Syringa in Deutschland, Samen Mauser in der Schweiz und Clause-Tezier in Frankreich brachten die entsprechenden Mischungen für Blumenwiesen auf den Markt und ermöglichten so die Anwendung im Hausgarten.

Stand früher der ursprüngliche Zauber der Wildvegetation im Vordergrund, will man heute zugleich den bedrohten Insekten mehr Aufmerksamkeit widmen. Besonders den kultivierten und wilden Bienen, Hummeln und Nützlingen gilt das Interesse. Denn in den monotonen Feldern der Landwirtschaft ist nach der Obst- und Rapsblüte ab Juni Schluss mit dem Blütenreichtum und das Nahrungsangebot wird für die Insekten knapp. Ganz anders sieht es in unseren Städten und Gärten aus. Hier gibt es übers ganze Gartenjahr ein vielseitiges Angebot. Schon gleich nach dem Winter finden die Insekten Nahrung an zahlreichen Stauden, Gehölzen und Zwiebelblumen. Frühling, Sommer und Herbst sind Höhepunkte mit zahlreichen Blüten. Besonders im Herbst sind spät blühende Samenmischungen eine wertvolle Hilfe für die bedrohte Natur. Von Juni bis zum Frost lockt die monatelange Blüte der meist ungefüllten Wild- und Sommerblumen mit reichlich Pollen und Nektar Bienen, Hummeln, Nützlinge und zahlreiche Schmetterlinge herbei. Es ist so einfach: Schon mit einer kleinen Gartenecke kann jeder einen wertvollen Beitrag zum Erhalt der

Insektenvielfalt leisten und selbst die wunderbare Natur erleben und genießen.

Wildbienen und Hummeln – ihre Bedeutung für die ganzjährige Bestäubung

Dem großen Schwund an Bienenvölkern in der Öffentlichkeit wird viel Aufmerksamkeit zuteil. Als größter Feind der Honigbienen gilt zwar die eingeschleppte Varroamilbe, doch auch die einseitig orientierten Großkulturen der Landwirte machen ihnen zu schaffen. Das Imkern ist wieder in Mode gekommen. Viele Honigbienenvölker sammeln selbst mitten in der Stadt beträchtliche Mengen an Honig. Honigbienen sind unverzichtbar für unsere Kulturpflanzen, denn sie verhalten sich blütenstet, das bedeutet, sie sammeln nur bei der jeweils gleichen Pflanzenart und sorgen so dafür, dass der aufgenommene Pollen auf die dazu passende Blüte getragen wird.

Weit wichtiger für das Bestäuben der zahlreichen Blütenpflanzen in der freien Natur ist jedoch die große Zahl der Wildbienen und Hummeln, die bislang wenig Beachtung fanden. Mehr als 500 Arten sind davon in Mitteleuropa bekannt. Der große Vorteil: Wildbienen sind bei jeder Witterung aktiv, weit mehr als die verwöhnten Honigbienen, die erst ab + 10 °C ausschwärmen. Zusammen mit Hummeln stellen sie ca. 80 % der Blütenbesucher von Obstbäumen, Wild- und Kulturpflanzen. Die meisten der wilden Sandbienen, Furchenbienen, Mauerbienen, Pelzbienen, Sägehornbienen und Blatt-

schneiderbienen leben nicht in Völkern, sondern allein. Sie bauen viele kleine, oft röhrenförmige Nester im Boden, in Lehmwänden, zwischen Mauersteinen oder in morschem Totholz. Gerne überwintern etliche Arten in hohlen Stängeln, weshalb wir die Halme von Gräsern und Staudenstängel im Garten erst im Frühjahr abschneiden sollten. Eine weitere Überwinterungshilfe und zugleich Heim für heranwachsenden Nachwuchs sind »Insektenhotels«, zum Beispiel mit spitzem Dach. Darunter finden unterschiedliche Materialien Platz, die als Nisthilfen begehrt sind, z. B. Stroh-, Schilf- und Bambushalme, gebündelte Zweige von Beerenobst, Holunder, Königskerze oder Sommerflieder, Hohlziegel oder Astscheiben, in die man Löcher verschiedener Dicke bohrt. Zum Anbringen von

■ Mit duftigen Wildblumen werden nützliche Insekten von Sperlis Balkon- und Nützlingsparadies angelockt.

Nisthilfen wählt man als Zeitpunkt Anfang März oder für die Überwinterung die Herbstmonate.

Erwachsene Bienen und Hummeln decken ihren Energiebedarf mit dem Nektar der Blüten. Der Pollen (Blütenstaub) wird als Aufbaufutter zur Ernährung der Larven gesammelt, beides im Umkreis von bis zu 5 km. Für die Insekten ist eine möglichst ganzjährige Versorgung von größter Bedeutung. Zu den wichtigen Nahrungspflanzen gehören neben Weiden, Kornelkirschen, Kastanien, Linden, Robinien und spät im Herbst noch Efeu, sowie Obst- und Beerengehölze und Rosen. Außerdem Kräuter wie Borretsch, Engelwurz, Melisse, Drachenkopf, Dill, Kamille, Lavendel, Minzen, Oregano, Salbei und Thymian. Unter den Blumen sind es Astern, Edel- und Kugeldisteln, Fetthenne, Gamander, Goldlack, Glockenblumen, Zierlauch, Natternkopf, Ringelblumen, Schafgarbe, Schlüssel- und Sonnenblumen. Staudenwicken, Malven, dazu Zwiebelblumen wie Blausterne, Kugellauch, Schneeglanz, Traubenhyazinthen und Winterlinge. Besonders wertvoll ist der Bienen- oder Rauschbaum *(Tetradium danielii)* aus Korea. Von Ende Juni bis September halten seine weißen Blütendolden für zahlreiche Insektenarten viel Pollen und Nektar bereit.

Schmetterlinge brauchen im Herbst viel Futter

Zwar heißt es oft, in Gärten seien ohnehin nur die üblichen »Allerweltsfalter« zu finden wie die prächtigen Bläulinge, Tagpfauenaugen und Kleiner Fuchs, dazu Apollo, Admiral, Schwalbenschwänze, Dukatenfalter und Zitronenfalter.

Der sprichwörtliche Fleiß der Bienen

Eine Honigbiene fliegt an einem Tag etwa 700–800 Blüten an. Für 1 kg Honig (z. B. von Klee) werden rund 6 Millionen Blüten besucht, dazu braucht das Bienenvolk ca. 4000 Sammelflüge. 1 kg Honig entsteht aus 3 kg Nektar, 2/3 davon verdunsten als Wasser. Ein Bienenvolk kann die beachtliche Menge von 50 kg Honig herstellen, wovon es 2/3 für die eigene Ernährung benötigt. 1/3 stehen dem Imker als Belohnung für seine Arbeit zur Verfügung.

■ Kaum ist der Winter vorbei, begeben sich Wild- und Honigbienen auf Nahrungssuche. Krokusse, Winterlinge und Schneeglöckchen sind wichtig.

Doch bereits diese Schmetterlingsarten bieten dem Gartenbesitzer viele spannenden Erlebnisse und Naturbeobachtungen.

Verwenden auch Sie entsprechende Pflanzen, dann helfen Sie zugleich bei der Erhaltung von weiteren bedrohten Arten. Zwar nimmt ein heimisches Gehölz, die Schlehe, als Wirt von 126 Falterarten den Spitzenplatz ein, doch auch der Gewöhnliche Dost *(Origanum vulgare)* bietet 57 Schmetterlingsarten Nahrung und Schutz. Auch der Natternkopf *(Echium vulgare)* wird zum Beispiel von 49, die Wiesenflockenblume *(Centaurea jacea)* von 44 und die Wiesenwitwenblume *(Knautia arvensis)* von 34 Falterarten besucht. Die Große Brennnessel *(Urtica dioica)* bietet 36 Faltern Nahrung. Sie

dient zudem den häufigen Tagpfauenaugen als Futterpflanze und nach der Eiablage als Kinderstube für deren Nachkommen. Eine kleine Ecke davon sollte man deshalb stets im Garten dulden.

Die Entwicklung vom Larvenstadium bis zum Schlüpfen dauert für viele Falter mehrere Monate bis zum Hochsommer. Erst danach beleben sie in größerer Zahl unsere Gärten auf der Suche nach Pollen und Nektar und erfreuen mit ihrem prächtigen Anblick. Viele Samenmischungen sind mit einem reichhaltigen Angebot an Spätsommer- und Herbstblühern speziell auf diesen Bedarf abgestimmt und bieten damit einen Ausgleich zum nachlassenden Flor in der freien Natur.

■ Ein prächtiger Admiral saugt genüsslich Nektar von den zahlreichen Blüten, die ihm die Wilde Möhre anbietet.

■ Die fleißigen Hummeln sind schon früh im Jahr unterwegs. Mit ihrem langen Saugrüssel dringen sie tief in die Blüten der Waldprimel ein.

Nützlinge und Nützlingswiesen

Schon Wilhelm Busch hat die Tätigkeit der Nützlinge zufrieden schmunzelnd in seinen Gedichten verewigt. Die Sache ist also nicht neu: Dennoch ist wenig bekannt, dass Schwebfliegen zu den wichtigsten Nützlingen im Garten zählen. Ebenso wie die hellgrünen Florfliegen, Weichkäfer und Räuberischen Gallmücken ernähren sich die erwachsenen Tiere überwiegend von pflanzlicher Kost. Im Larvenstadium brauchen die zarten, durchscheinenden Larven jedoch Eiweiß, das sie beim eifrigen Vertilgen von schädlichen Blattläusen, Raupen, Thripsen, Spinnmilben, Weißen Fliegen sowie deren Larven und Eiern erbeuten.

Schwebfliegen, *Sisyrphus*

Sie sehen auf den ersten Blick aus wie Wespen, besitzen aber keinen Stachel und sind absolut harmlos. Unter den Insekten sind sie die Flugkünstler; mit bis zu 300 Flügelschlägen pro Sekunde können Sie fast in der Luft stehen. Die kleinen gelb-schwarz gestreiften Insekten bewegen sich ruckartig und sind nicht besonders wählerisch, was ihre Nahrung anbelangt. Wie Bienen, Hummeln und andere Insekten suchen Schwebfliegen zahlreiche Blüten nach Nektar und Pollen auf. Wo sich Blüten zeigen – ob bei Sommerblumen, Stauden oder Gehöl-

■ Schwebfliegen schützen sich mit ihrer Wespen-Mimikry vor Feinden. Ihre immer hungrigen Larven machen Blattläusen den Garaus.

■ Marienkäfer (Siebenpunkt) haben sich Blattläuse und andere Schädlinge als Nahrung ausgewählt. Davon verzehren sie besonders viele.

zen – werden sie besucht. Nicht weniger als 2–400 Blattläuse vernichtet eine Schwebfliege in ihrer 2–3 Wochen kurzen Larvenzeit.

Florfliegen, *Chrysoperia*

Im erwachsenen Stadium sind sie zarte filigran wirkende Insekten, die wir meistens erst wahrnehmen, wenn sie gegen Ende des Jahres in Gebäuden, Mauerritzen oder unter Laub Schutz vor dem kommenden Winter suchen. Sehr hilfreich sind ihre Larven, die wegen ihrer Fressgier (bis 500 Blattläuse und Thripse können sie in kurzer Zeit aussaugen) auch »Blattlauslöwen« genannt werden.

Marienkäfer, *Cryptolaemus*

Sie sind bei uns mit zahlreichen Arten vertreten. Auch sie und insbesondere ihre Larven gehen fleißig gegen Milben, Weiße Fliegen, Schildläuse und andere Schädlinge vor. Sie ernähren sich räuberisch und können in ihrem Leben Hunderte von Blattläusen verzehren.

Singvögel

Vergessen wir nicht unsere geflügelten Gartenbewohner, die zu den effektivsten Helfern zählen. Ihnen Nistkästen und Futter zu bieten, verhindert manches Schädlingsproblem auf natürliche Weise. Ermittlungen ergaben, dass bereits ein im Garten brütendes Kohlmeisenpärchen mit seinen Nachkommen pro Jahr ca. 22 kg an Raupen, Insektenlarven und deren Eier verzehrt.

Es lohnt sich deshalb immer, dem hilfreichen Völkchen der Nützlinge im Garten Nahrung und Heimat zu bieten. Der Samenhandel hält preiswerte Sommerblumenmischungen wie »Bienen-Mix« oder »Paradies für Nützlinge« in großer Vielfalt bereit, ebenso ein- und mehrjährige Mischungen von Futterpflanzen mit nährstoffreichen Samenständen als Nahrungsquelle für unsere gefiederten Gäste in den Wintermonaten.

Meist enthalten die kurzlebigen, je nach Verwendungszweck unterschiedlichen Kombinationen anspruchslose, leicht gedeihende Acker- und Wildblumen wie Klatschmohn, Kornblumen, Kornraden, Wucherblumen, Sommermargeriten, Malven, Natternkopf, Lein, Ringelblumen, Färberkamille, Sommervergissmeinnicht, Cosmeen, Buschwinden, aber auch schnell gedeihende Wildblumen aus Südafrika, aus Kalifornien und aus den nordamerikanischen Prärien, die sich besonders gut für sonnige trockene Standorte eignen. Die lange anhaltende Blütenpracht beginnt im Juni, dauert vom Sommer bis zum Herbst und hält schließlich bis zum ersten Frost. Gerade dann geht das Nahrungsangebot im Feld sowie an Waldrändern zur Neige und Ergänzung tut not.

TIPP Um den Insekten zu helfen, sollten wir Blumen mit offenen ungefüllten oder halb gefüllten Blüten auswählen, denn nur diese können ausreichend Pollen und Nektar spenden. Bei gefüllten Blüten sind Staubblätter zu Blütenblättern umgewandelt und produzieren daher kaum mehr Pollen.

Einjährige Blumenwiesen – der schnelle Blütenflor für jeden Garten

Einjährige Sommerblumen gedeihen sehr einfach auf Beeten und in Gefäßen. Das fröhlich bunte Blütenmeer bietet uns Menschen viel Freude und reichlich Nahrung für die bedrohte Insektenwelt bis spät in den Herbst. Im nächsten Jahr wird neu ausgesät.

Wer sich an der Pracht wilder Blumen erfreuen will, muss sich grundsätzlich zwischen »kurzlebig« oder »dauerhaft«, zwischen schnell gedeihenden einjährigen Sommerblumen oder mehrjährigen Wiesenblumen entscheiden. Die Aussaat kurzlebiger Land- und Wildblumen ist einfach und gelingt fast immer. Schon nach kurzer Zeit können die Besitzer über viele Wochen hinweg in fröhlichen Farben und Stimmungen schwelgen. Allerdings hält diese Pracht nur einen Sommer lang, denn die erhoffte Selbstaussaat gelingt selten zufriedenstellend, vielmehr machen sich im zweiten Jahr häufig unerwünschte Wildkräuter breit. Die Samenmischungen für einjährige Blumenwiesen benötigen zum Keimen unbedingt lockeren Boden. Mein Vorschlag: Probieren Sie im Folgejahr ein neues Blumenwiesenthema aus. Die angebotene Vielfalt ist groß, zum Beispiel gibt es Mischungen mit niedrigen Sommerblumen für Balkonkästen und Steingärten, für hohe Rabatten und blühende Zäune, in verschiedenen Farbtönen oder Mischungen mit speziellem Nahrungsangebot für Vögel sowie Pollen- und Nektarblumen für die bedrohten Bienen, Hummeln und für Schmetterlinge.

Gartenpraxis: Von der Aussaat bis zum Frost

Während die Verwandlung eines schütteren Rasens in eine langlebige blühende Wiese eine komplette Neuanlage erfordert, gedeihen einjährige Sommerblumenmischungen besonders einfach und sicher.

- Zur Aussaat genügt schon ein Fleckchen gelockerter Erde, das sonnig liegen und frei von unerwünschten Beikräutern sein sollte. Auch Gräser sind hierbei weder nötig noch erwünscht.

- Düngen Sie nicht, denn die anspruchslosen Wildblumen nehmen mit dem vorlieb, was ihnen geboten wird. Enthält der Boden noch Nährstoffe aus der Vorkultur oder wurde der Boden mit Kompost verbessert, kommen die Saatgutmischungen auch damit zurecht.

- Der beste Aussaatzeitraum ist von Ende März–Mitte Juni. Die Keimzeit beträgt 1–3 Wochen bei ca. 10–18 °C, abhängig von Witterung und Temperatur.

- Auf dem vorbereiteten Beet mit krümeligen Boden wird der Samen sparsam ausgebracht, also dünn verteilt und breitwürfig ausgesät,

TIPP

Viele der höheren Mischungen enthalten reichlich Blattmasse, auch Lupinen und nicht wuchernde Kleearten (z. B. Inkarnatklee), die in Wurzelknöllchen aus der Luft gesammelten Stickstoff einlagern. Sie fungieren als farbenfrohe Gründüngungspflanzen, die natürlichen Stickstoff in den Boden einbringen. Diese Pflanzen beleben den Boden, beschatten und lockern ihn tief, machen ihn damit fruchtbar und bilden die Nahrungsgrundlage für das Heer der zahlreichen aktiven Bodenlebewesen. Besonders gut eignen sie sich für extensive Naturgärten und als vorübergehende Lösung für Neubaugrundstücke bis zur endgültigen Gestaltung.

dann mit dem Harkenrücken leicht angedrückt und mit etwas Erde in zweifacher Samenstärke bedeckt. Viele Samen gehören zu den Lichtkeimern, das heißt, sie möchten keine Abdeckung mit Erde, es reicht ein leichtes Andrücken mit der Hand oder einem Rechen. Es ist auch möglich, den Samen dünn verteilt in 2–3 cm tiefen Rillen im Abstand von ca. 20 cm auszubringen. Anschließend werden die Rillen mit Hilfe einer Harke mit Erde bedeckt und angedrückt.

■ Anschließend gießt man mit feiner Brause gründlich an, ohne dabei den Boden zu verschlämmen. Das Beet darf bis zum Keimen nicht austrocknen, sonst kann der Keimerfolg gefährdet sein.

Wichtig: Jeder gekeimte Sämling braucht später seinen Platz! Eine Samenportion reicht gewöhnlich für 2–4 m². Deshalb sehr dünn aussäen.

■ Sobald unerwünschte Unkräuter erkennbar werden, sollte man sie entfernen.

■ Vor dem Winter werden die abgeblühten Pflanzen herausgezogen und kompostiert.

■ Das Abdecken mit einem luft- und wasserdurchlässigen Vlies schützt gegen Austrocknen und vor Vögeln. Sobald die Pflanzen handhoch sind, wird das Vlies wieder entfernt.

■ oben: Nach dem Umgraben kann man lehmigen Boden mit Sand abmagern.
■ Mitte: Jetzt die Oberfläche mit der Harke einebnen.
■ unten: Damit den Blumen genug Platz bleibt, wird der Samen sehr dünn verteilt ausgestreut.

TIPP

Wunderschön gedeihen Wild-blumenmischungen auch in Balkonkästen und größeren Gefäßen. Damit die Pflanzen nicht durch Wind umgeweht werden, sollte der Pflanzenwuchs nicht höher als 40 cm sein.

- Enthält der Boden viele Samenunkräuter, kann man ihre Entwicklung verhindern und so die aufwendige Bekämpfung ersparen. Das heißt: den Boden nicht bearbeiten, sondern erst mit einem wasserdurchlässigen Vlies abdecken und darauf mit einer 3–4 cm hohen Schicht unkrautfreiem Kompost abdecken (z. B. aus einem kommunalen Kompostwerk oder aus dem Gartencenter). Nur in diese Schicht wird dann wie üblich flach gesät. Den unerwünschten Beikräutern werden dabei Licht und Luft verwehrt, sie erhalten so keine Chance zu keimen.

Hilfsmittel zur leichteren Aussaat

Saatbänder

Wer das dünne Aussäen nicht gewöhnt ist, kann sich Misserfolge durch zu dichtes Drängeln der Sämlinge oder das damit nötige Vereinzeln ersparen und zu den beliebten Saatbändern grei-

■ Einjährige Wild- und Sommerblumen gedeihen auch in Gefäßen auf Balkon und Terrasse.

■ Saatbänder eignen sich gut für die Saat in Reihen, an Wegen oder als Beeteinfassung.

fen. In leicht zersetzbare Papierstreifen ist der Samen schon dünn verteilt eingearbeitet. Man zieht eine flache Rille in die krümelige Erde und legt das Saatband ein. Dann mit den Fingern an den Enden leicht eindrücken und jetzt schon mit weichem Strahl angießen. Damit schmiegen sich die Samen an den feuchten Untergrund, haben Bodenkontakt und trocknen weniger leicht aus. Dann wird die Rille mit etwas Erde zugezogen, leicht mit dem Harkenrücken oder der Hand angedrückt, gründlich angegossen und anschließend gleichmäßig feucht gehalten.

Saatbänder mit Wild- und Sommerblumen eignen sich gut für Beetumrandungen und für Balkonkästen.

Blühkugeln oder Samenbomben

Durchaus friedliche Absichten darf man all denen unterstellen, die mit Blühkugeln oder selbst gemachten Samenbomben werfen. Diese Variation des »Urban Gardenings« stammt aus den USA, findet aber auch hierzulande viel Anklang bei Events, zum Geburtstag oder als gemeinsamer Spaß bei Kinderfesten. Die Idee: wer anderen Gartenbesitzern, Freunden oder Familienmitgliedern oder auch der Allgemeinheit etwas Gutes tun möchte, formt aus feuchtem Lehm 2–3 cm dicke Kugeln und drückt dabei etwas Samen einer Wildblumenmischung hinein. Zum Trocknen kann man die Energie der Sonne nutzen oder auch ein Blech im nur leicht erwärmten Backofen. Bei guter Gelegenheit – gerne

■ Samenbomben sind ein beliebter Spaß. Das Saatgut wird mit Erde und Lehm umhüllt.

■ Zum leichteren Aussäen wird Blumensamen mit trockenem Sand vermischt.

auch nachts – wird die Samenbombe über den Zaun auf die Erde des Begünstigten geworfen. Dort soll sie keimen, sprießen und später zur Freude aller auch blühen. Um die Keimung zu fördern, formt man einen flachen Hügel aus Erde darüber.

Saathilfen

Die meisten Samen sind fein und müssen sehr dünn verteilt ausgesät werden, denn jede gekeimte Pflanze benötigt zum Schluss Platz für einen Durchmesser von 20–30 cm. Wenige Gramm Saatgut genügen daher schon für viele Quadratmeter, eine normale Portion reicht gewöhnlich für 2–3 m². Fühlen Sie sich damit

überfordert, können Sie den Samen im Verhältnis von 1:10 mit einem der leichtgewichtigen körnigen und zugleich voluminösen Saathelfer mischen, zum Beispiel mit trockenem Sand, Maisgries, Horngries oder einem Dämmstoff wie Vermiculite oder Perlite. Ist die Farbe des beigemischten Saathelfers hell, kann man leicht die möglichst gleichmäßige Ausbringung im Kontrast zum dunklen Boden kontrollieren.

Samenteppiche

Samenteppiche lohnen sich für kleine Gartenecken und für Gefäße. Ähnlich wie Saatbänder enthalten sie gleichmäßig verteilten Samen, der zwischen Lagen aus dünnem Papier enthalten

■ Sommerstimmung in fröhlichem Orange zaubert Kalifornischer Goldmohn herbei. Natternkopf kontrastiert mit kräftigem Blau.

■ oben: Die ungefüllten Blüten der Schmuckkörbchen locken zahlreiche Falter und Insekten an.
■ unten: Traumhaft schöne Sommerblumen verwandeln die Blumenstadt Mössingen in ein Farbenmmeer.

ist. Die Samenteppiche sind aber wesentlich breiter und können auf dem krümelig hergerichteten Beet ausgerollt oder in passender Größe mit der Schere zugeschnitten werden. Nach dem Auslegen wird der Teppich zunächst mit weicher Brause angegossen, dadurch bekommt der Samen Kontakt mit dem Untergrund. Danach wird mit einer dünnen Schicht Erde abgedeckt und nochmals gründlich angegossen.

■ Ist der Samen ausgereift, kann man vom Schmuckkörbchen *(Cosmos)* leicht Samen abnehmen.

Samen selber sammeln

Wie gerne bringt man von einem Ausflug oder aus dem Urlaub selbst geernteten Samen mit. Auch wenn es vielleicht nur feuerroter Klatschmohn oder blauer Natternkopf ist, was liegt näher als daraus eine Gartenecke damit zu besäen? Allerdings gibt es dabei einiges zu beachten.

■ Gut geeignet zur Samenernte sind viele einjährige Sommerblumen, viele Kräuter und Stauden. Achten Sie jedoch darauf, dass der Samen voll ausgereift abgenommen wird.

So wird es gemacht: Schütteln Sie bei sonnigem trockenen Wetter den reifen Samen aus der Kapsel oder schneiden Sie die Samenstände ab, bündeln sie und hängen sie in luftigen Säcken zum Nachreifen an einem vor Feuchte geschützten luftigen Standort auf. Man kann sie auch in Kistchen locker und dünn ausgebreitet liegen lassen, bis sich eine Gelegenheit zur weiteren Aufbereitung ergibt.

■ Dazu braucht man ein der Samengröße angepasstes Sieb und eine Schüssel zum Auffangen des Samens. Zerreiben Sie die trockenen Samenköpfchen oder Kapseln. Durch kreisförmiges Schwenken des Siebes lassen sich die Samen von der Spreu trennen.

■ Saatgut lagert man am besten kühl und trocken. Gut eignen sich Dosen oder Gläser mit Schraubverschluss, den man erst nach 14 Tagen Aufenthalt in einem warmen lufttrockenen Raum verschließt.

■ Säen Sie gleich im nächsten Frühjahr aus, denn da ist die Keimfähigkeit am besten.

■ Mit der bunten Bauerngarten-Mischung von Kiepenkerl lassen sich zahlreiche Schmetterlinge, Bienen, Hummeln und nützliche Blattlausjäger wie Schwebfliegen und Florfliegen in den Garten locken.

■ So märchenhaft bunt präsentiert sich der Sommerblumenteppich 1001 Nacht. Die niedrige Mischung eignet sich für windige Lagen, für Balkonkästen und Gefäße.

Bewährte einjährige Samenmischungen für den Hausgarten

Es gibt im Handel von mehreren Anbietern ähnliche Kombinationen. Diese Auswahl erhebt keinen Anspruch auf Vollständigkeit. Sie enthält jedoch Mischungen, mit denen langjährige gute Erfahrungen vorliegen.

Bienenfutterpflanzen

Diese Mischung enthält üppig und monatelang blühende, meist ungefüllte Sommerblumen für Honig- und Wildbienen mit einem Blühschwerpunkt auf Hochsommer und Herbst. Für sonnige Lagen. Blüte: Juni–September. Höhe: 70–120 cm. (von Kiepenkerl)

Blumenwiese Werratal

Für die ganze Bandbreite der Insektenwelt wurde diese farbenprächtige Mischung aus einer Vielzahl von überwiegend einjährigen Sommerblumen entwickelt. Diese Futterpflanzen gedeihen optimal an sonnigen Stellen und wachsen schnell heran, sodass sie ab Ende März, aber auch noch im Sommer bis Anfang Juli ausgesät werden können. Blüte: Juni bis zum Frost. Höhe: 30–80 cm. (von Küpper)

Mössinger Sommer®, (Abb. S. 21 unten)

Diese bunte farbenfrohe Standardmischung bunter Sommerblumen wurde aufgrund der Erfahrungen in der Blumenstadt Mössingen bei Tübingen erstellt. Nacheinander aufblühend beschert sie allen Insekten ein üppiges Nahrungsangebot bis in den späten Herbst.

Für sonnige Lagen. Blüte: Juni–Oktober. Höhe: 60–80 cm. (von Dürr, Gärtner Pötschke)

Ländlicher Charme

Eine bunte Bauerngartenmischung mit beliebten Sommerblumen, die sich ganz besonders für das Schneiden von lange haltbaren Schnittblumen eignet. Natürlich sieht sie auch im Naturgarten und an Zäunen gut aus und hält Nahrung für die vielen Insekten bereit. Für sonnige Lagen. Blüte: Juni bis zum Frost. Höhe: 80–150 cm. (von Kiepenkerl)

Nützlingswiese und Balkon- und Nützlingsparadies, (Abb. S. 9)

Beide ähnlich zusammengesetzte Mischungen wurden für die biologische Schädlingsbekämpfung entwickelt. Mit pollen- und nektarreichen Blumen und Kräutern werden neben Bienen und Hummeln viele nützliche Insekten wie Schweb- und Florfliegen, Weich- und Marienkäfer in den Garten gelockt. Besonders die Larven verzehren sehr effektiv Blattläuse, Milben und weitere Schädiger. Für sonnige und halbschattige Lagen, auch für Gefäße. Blüte: Juni–November. Höhe: 60–120 cm. (von Kiepenkerl, Sperli)

Sommerblumenteppich 1001 Nacht
(Abb. S. 24)

Die märchenhaft bunten Wildblumen aus der Prärie, Nord- und Südafrika erreichen nur ca.

40 cm Höhe. Sie eignen sich daher besonders gut für windige Gartenecken, für Gefäße und Balkone. Die einfachen Blüten bieten sehr lange bis zum Frost für viele Insekten Nahrung. Für sonnige Lagen. Blüte: Juni–November. Höhe: 25–45 cm. (von Sperli)

Last Minute Mischung, (Abb. S. 27)

Diese artenreiche Mischung wurde mit schnell gedeihenden Wild- und Sommerblumen speziell für späte Aussaaten »auf den letzten Drücker« entwickelt. Wer bis Mitte Juli aussät, kann noch mit einer vollen Blüte im Spätsommer und Herbst rechnen, was auch zahlreichen Schmetterlingen und Bienen zugutekommt. Für sonnige Lagen. Blüte: Juli bis zum Frost. Höhe: 40–60 cm. (von Kiepenkerl)

Düfte des Orients

Eine zauberhafte halbhohe Mischung von Sommerblumen in den vorwiegend warmen Farben Purpur, Orange und Pink, die an die Pracht des Orients erinnern. Die auffällig bunte Mischung gefällt auch durch einzigartige Düfte, die sich besonders an warmen Abenden entfalten und zahlreiche Falter und Hummeln anlocken. Für helle, warme und geschützte Standorte. Blüte: Juni–Oktober mit Schwerpunkt im Spätsommer. Höhe: 40–50 cm. (von Kiepenkerl)

Feld- und Wiesencharme

Kornblumen, Kornrade und Wilder Klatschmohn, also Feldblumen, die früher an jedem Kornfeldrand wuchsen, sind hierin kombiniert mit solchen aus der nordamerikanischen Prärie.

■ Diese farbenprächtige Mischung enthält beliebte Blumen des Bauerngartens wie Rittersporn, Kornblumen und Große Knorpelmöhren, die sich gut als Schnittblumen eignen.

Eine fröhlich-bunte Mischung, die auch zahlreichen Insekten Nahrung bietet. Diese Mischung aus wüchsigen Blumen eignet sich anstelle von Gründüngung auch zur schnellen und unkomplizierten provisorischen Begrünung von Bauland, wenn die Pflanzzeit für Gehölze oder Stauden verpasst wurde. Für sonnige und halbschattige Lagen. Blüte: Juni–Oktober, Wuchshöhe: 30–120 cm. (von Sperli)

Blühender Sichtschutz

Hochwachsende Sonnenblumen, Bechermalven und Zierrmais sind nur einige der bunten Sommerblumen mit kräftigem Wuchs, die in kurzer Zeit einen natürlichen, preiswerten und attraktiven Sichtschutz bilden. Diese Mischung ist besonders gut geeignet für neu angelegte

Flächen und für Naturgärten. Auch bunte Blumensträuße lassen sich daraus schneiden. Blüte: Juni–Oktober. Wuchshöhe bis ca. 180 cm. (von Kiepenkerl)

Schmetterlingswiese

Diese vielfältige Mischung besteht aus ein- und mehrjährigen Blumen, die im Sommer und Herbst von den vielen Schmetterlingen auf Nahrungssuche angeflogen werden. Gleichzeitig enthalten sie viele Pflanzen aus den Familien der Schmetterlingsblütler (Leguminosen), Lippen-, Dolden- und Korbblütler, auf denen die Falter bevorzugt ihre Eier ablegen und die dann als Futterpflanzen für den Raupennachwuchs gefragt sind. Blütezeit: Juni–Oktober. Höhe: 60–100 cm. (von Sperli)

■ Wildblumen aus Steppengebieten verleiten zum Entdecken. Sie gedeihen sehr leicht und überraschen schon nach kurzer Zeit mit ausdrucksvollen Blüten.

Kurzportraits von einjährigen Wild- und Bauerngartenblumen

1 Blauer Waldmeister
Asperula orientalis

Ein selten gewordener Gartenschatz aus Südwestasien mit herrlich süßem, starkem Duft und himmelblauer Farbe. Die zierliche Sommerblume schmückt sich von Hochsommer bis Herbst mit vielen winzigen Röhrenblüten, die von zahlreichen Bienen und Schmetterlingen besucht werden. Mit nur 20–30 cm Höhe passt sie nicht nur in Blumenwiesen, sondern auch in Gefäße. Für Sonne und Halbschatten. Aussaat: April–Mai. Blütezeit: Juni–Juli.

2 Blauglöckchen, Büschelschön
Phacelia campanularia

Die entzückende Wildblume aus Colorado und Kalifornien passt mit nur 25 cm Höhe nicht nur in niedrige Mischungen, sondern auch separat in Gefäße aller Art. Die himmelblauen Glöckchenblüten erscheinen schon nach 6–8 Wochen und ziehen dann für 2–3 Wochen alle Blicke auf sich. Für Sonne und Halbschatten. Aussaat: April–Juli. Blütezeit: Juni bis zum Frost.

3 Bienenfreund, *Phacelia tanacetifolia*

Die zartblaue Prärieblume mit feinem Laub wird vorwiegend für Gründüngungen verwendet, immer mehr jedoch ist sie auch unverzichtbarer Bestandteil von Mischungen. Die zahlreichen Blüten erscheinen bereits nach ca. sechs Wochen. Die nektarreichen Blüten sind bei Insekten sehr begehrt. Anspruchslos, gedeiht gut auf mageren, sandigen Böden. Für Sonne und Halbschatten. Höhe: 60–80 cm. Aussaat: April–August. Blütezeit: Juni bis zum Frost.

4 Gelbe Saatwucherblume
Chrysanthemum segetum

Die in Europa und im Mittelmeerraum heimische Feldblume ist bei uns ein häufiger Blickfang auf sommerlichen Äckern. Die goldgelben Blüten der anspruchslosen Wildblume erscheinen im Hoch- und Spätsommer. Alle Pflanzenteile sind essbar, vor allem in Japan schätzt man die aromatischen Blätter der »Salatchrysantheme« als Würze zu Fisch. Für Sonne und Halbschatten. Höhe: 30–60 cm. Aussaat: April–Juni. Blütezeit: Juni bis zum Frost.

5 Roter Klatschmohn, *Papaver rhoeas*

Erst wenn unser heimischer Klatschmohn Feldränder und Magerwiesen in feuerrote Farbe taucht, ist der Sommer gekommen. Er darf in keiner Feld- und Bauerngartenmischung fehlen, er braucht zum Gedeihen jedoch immer offe-

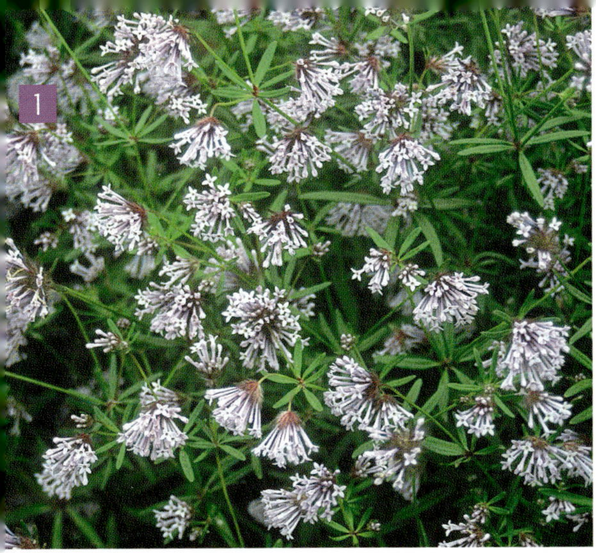
1

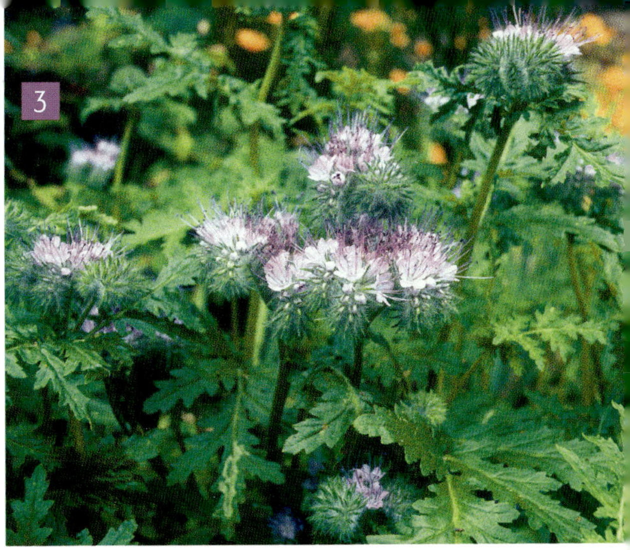
3

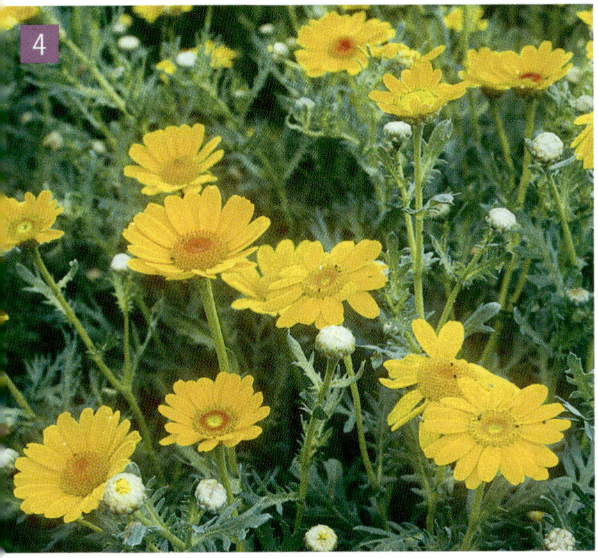
4

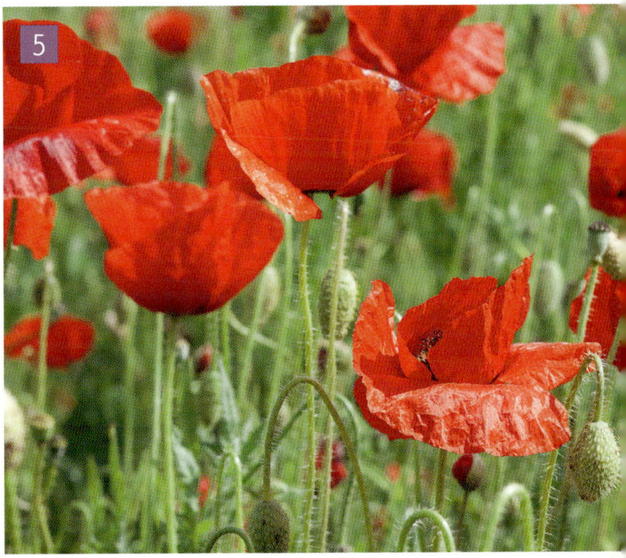
5

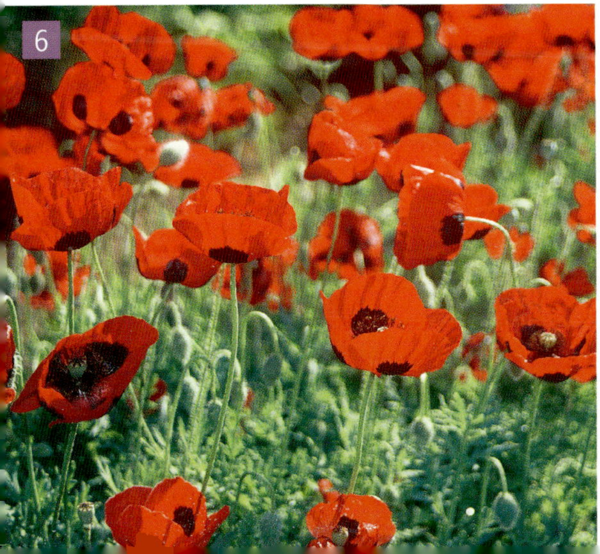
6

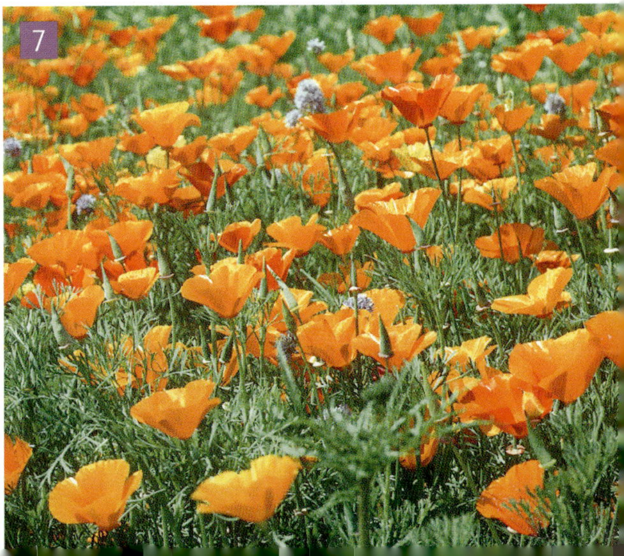
7

nen Boden. In Grasbeständen haben die Samen keine Chance. Für zahlreiche Insekten und Nützlinge hält er Nahrung bereit. Wie in der Natur ist die Aussaat nicht nur im Frühjahr sondern auch schon im Frühherbst mit Überwinterung möglich. Für sonnige Stellen. Höhe: 30–40 cm. Aussaat: August–September oder März–Mai. Blütezeit: Juni–Juli.

Die nostalgisch wirkende Mischung des zarten Seiden- oder Shirleymohns entstand als Gartenform um 1850 im englischen Dorf Shirley und ist seitdem aus europäischen Gärten nicht mehr wegzudenken. Die zarten Schalenblüten erfreuen uns mit zauberhaften Farben und die Insekten mit viel Pollen. Im Gegensatz zum genehmigungspflichtigen Garten- oder Schlafmohn kann aus *P. rhoeas* kein Opium hergestellt werden. Der Anbau ist daher frei. Für sonnige Stellen. Höhe: 30–40 cm. Aussaat: August–September oder März–Mai. Blütezeit: Juni–Juli.

6 Marienkäfermohn
Papaver commutatum

Schon seit seiner Einführung aus Osteuropa (1876) erregt dieser leuchtendrote Mohn das Interesse der Gärtner. Vier dunkle Flecken im Inneren der Blüte machen ihn zum Hingucker. Tuffs davon passen gut als auffällige Lückenfüller in Staudenbeete, vor dunkellaubige Gehölze oder in die Nachbarschaft von weißen Blüten. Dieser Mohn enthält viel Pollen für Insekten bereit, er eignet sich damit gut für Mischungen. Die Kultur ist ähnlich wie beim Seidenmohn. Für sonnige Stellen. Höhe: 40–50 cm. Aussaat: März–Mai. Blütezeit: Juni–Juli.

7 Kalifornischer Goldmohn
Eschscholzia californica

Mit seinen goldenen oder in Züchtungen auch kunterbunten Blüten, die über lange Monate üppig für leuchtende Farben sorgen, ist dieser zauberhafte, unverwüstliche und leicht gedeihende Mohn aus dem trockenen Kalifornien Bestandteil vieler Samenmischungen. Die anspruchslose Sommerblume gedeiht mit ihren langen Pfahlwurzeln besonders gut auf mageren und steinigen Böden, in Schotter- und Kiesgärten, genauso gut in Gefäßen. Für sonnige und halbschattige Stellen. Höhe: 25–35 cm. Aussaat: April–Juni oder im September zur Überwinterung. Blütezeit: Juni–Oktober.

8 Kornblume, *Centaurea cyanus*

Die wilde Kornblume ist mit ihren zierlichen himmelblauen ungefüllten Blüten ein Inbegriff für heimische Feldblumen und deshalb in vielen Mischungen vorhanden. Gut gedeihen auch halbgefüllte Gartenformen, die üppiger wachsen und blühen. Besonders viele Schmetterlinge und nützliche Schwebfliegen finden sich auf den Blüten ein. Für volle Sonne. Höhe: 50–70 cm. Aussaat: April–Juni oder im September zur Überwinterung. Blütezeit: Juni–Oktober.

9 Kornrade, *Agrostemma githago*

Mit ihren großen ausdrucksvollen rosa Blüten lenkt das schöne Nelkengewächs aus Europa und dem Mittelmeerraum alle Blicke und auch viele Schmetterlinge auf sich. Noch hübscher

als die Wildform ist die Sorte 'Milas' mit ihrer feinen Zeichnung. Sie ist ebenso als lange haltbare Schnittblume geeignet. Früher trat die Kornrade als Unkraut in Getreidefeldern auf und konnte mit ihren giftigen Samen bei ungenügender Saatreinigung schlimme Beschwerden verursachen. Für volle Sonne. Höhe: 60–90 cm. Aussaat: März–Mai oder im August–September zur Überwinterung. Blütezeit: Juni–August.

10 Leinkraut, *Linaria maroccana*

Häufig findet man in Saatgutmischungen dieses herrlich bunte, einjährige Leinkraut aus Nordafrika. Sehr leicht gedeihend, vermittelt die schnell wachsende Wildblume traumhafte Stimmung mit dem Zauber des Orients. Für sonnige und halbschattige Stellen. Höhe: 30–40 cm. Aussaat: April–Juni. Blütezeit: Juni–September.

11 Feld- oder Sommerrittersporn
Delphinium consolida (syn. *Consolida regalis*)

Die in Europa heimische Wildblume ist Bestandteil vieler Samenmischungen, denn sie gedeiht nicht nur schnell und einfach. Die ca. 50 cm hohen lockeren Blütenrispen in dunklem Blau sehen zudem gefällig aus, sie locken zahlreiche Falter und nützliche Insekten an. Auch geschnitten halten die elastischen Stängel lange in der Vase. Die Samen brauchen zum Keimen Temperaturen unter 10–12 °C. Deshalb sät man schon früh im Jahr (März–April) oder im Herbst von Ende September–Oktober. Blütezeit: Juni–August.

12 Garten- oder Nelkenleimkraut
Silene armeria

Die zierliche, schnell gedeihende Sommerblume aus dem südlichen Europa zählt zu den
beliebtesten Bestandteilen von ein- und mehrjährigen Wiesenmischungen. Die kleinen pur-
purrosa Blüten sind in dichten Blütenständen
zusammengefasst und vermitteln damit einen
zauberhaften duftigen Eindruck. Für sonnige
und halbschattige Stellen. Ideal für Schmetterlinge. Höhe: 40–50 cm. Lange Blütezeit von
Ende Mai–Oktober.

13 Ringelblumen, *Calendula officinalis*

Die bei uns heimische Wildform der uralten
Heilpflanze mit ungefüllten Blüten in mattem
Orange wird gerne für Mischungen an trockenen Standorten und zusammen mit Kräutern
verwendet. Alle Pflanzenteile duften herb-aro-
matisch, sie ergeben die beliebte Ringelblumen-
salbe, die gegen Beinleiden wirkt. Ringelblumen
bieten viel Nahrung für Insekten, speziell für
Schmetterlinge, das gilt auch für die wüchsige-
ren, oft halb gefüllten Bauerngartensorten. Für
sonnige und halbschattige Stellen. Höhe: 30–
50 cm. Aussaat: März–August. Blütezeit: Juni bis
zum Frost.

14 Jungfer im Grünen, Schwarzkümmel, *Nigella sativa*

Die uralte Bauerngarten- und Trockenblume
wurde von Kreuzfahrern aus Kleinasien mit-
gebracht und im südlichen Europa heimisch.

Ursprünglich hellblau oder weiß, gibt es heute
auch Mischungen mit rosa, purpurroten oder
dunkelroten Farben. Die Fruchtstände sind
dekorativ, sie werden gern in Trockensträußen
verwendet. Die ca. 40 cm hohen zierlichen
Pflanzen werden von Schnecken gemieden.
Für Sonne und Halbschatten. Höhe: 40–50 cm.
Aussaat: April–August. Blütezeit: Juni–September, relativ kurz.

15 Schmuckkörbchen, Kosmeen
Cosmos bipinnatus

Die Blütezeit dieser lang blühenden Sommerblume aus Mexiko beginnt relativ spät im August, hält aber dann bis zum Frost an. In dieser
wichtigen Zeit bietet sie vielen Insekten ein rei-
ches Nahrungsangebot, insbesondere Schmetterlingen, Bienen, Hummeln und nützlichen
Insekten. Mit lebhaften Farben oder auch strah-
lendem Weiß sind Kosmeen eine prächtige
Erscheinung, auch Schnittblumen für Sträuße
kann man davon schneiden. Für Sonne und
Halbschatten. Höhe: 80–120 cm. Aussaatzeit:
Ende April–Mai. Blütezeit: August–November.

16 Schleifenblume, *Iberis umbellata*

Schon seit dem 16. Jahrhundert schmückt die
schnell und einfach gedeihende Sommerblume
vom Mittelmeer Gefäße und Gärten. Zwar verfügt sie nicht über den herrlich süßen Duft, der
die eng verwandte reinweiße Bittere Schleifen-
blume (*Iberis amara*) auszeichnet. Dafür blüht
sie schon nach 6–7 Wochen mit vielen rosa,
violetten oder weißen Blüten, die schirmartig

angeordnet sind. Viele Insekten kehren hier zum Nektartanken ein. Für Sonne und Halbschatten. Höhe: 20–35 cm. Aussaatzeit: Ende März–Juli. Blütezeit: Juni–September.

17 Duft-Steinkraut, *Lobularia maritima*

Weil sie herrlich süß duftet, besonders in den Abendstunden, zählt dieser lang blühende Kreuzblütler aus Südeuropa zu den häufig verwendeten Anteilen in Samenmischungen. Zum niedrigen kissenförmigen Wuchs passen die zahlreichen kleinen weißen, rosa oder auch violetten Blüten, die viel Nektar enthalten und deshalb gerne von Schmetterlingen besucht werden. Nach der Hauptblüte Juni–Juli blühen die Pflanzen auf sandig-mageren Böden häufig noch einmal im Herbst. Für Sonne und Halbschatten. Höhe: 15–20 cm. Aussaatzeit: April–Mai. Blütezeit: Juni bis zum Frost.

18 Spaltblume, Bauernorchidee
Schizanthus wisetonensis

Ihre herrlich exotisch gezeichneten Blüten und deren bizarre Form verhalfen dieser einfach gedeihenden Sommerblume aus Chile zur Bezeichnung »Orchidee des kleinen Mannes«. Früher wurde die Spaltblume als Topfpflanze in Wintergärten gezogen, inzwischen gehört die romantisch wirkende Blume wegen des einfachen Gedeihens im Freiland zu den bevorzugten Arten in Bauerngartenmischungen. Häufig werden die Blüten von Faltern besucht. Für Sonne und Halbschatten. Höhe: 50–70 cm. Aussaatzeit: April–Mai. Blütezeit: Juli–September.

Mehrjährige Blumenwiesen

Wer eine Alternative zum einförmigen und pflegeaufwendigen englischen Rasen sucht, der findet sie in Form einer stimmungsvollen und pflegeleichten mehrjährigen Blumenwiese. Stimmen die Voraussetzungen, dann geht der Traum von einer mit Blumen übersäten Bauern- oder Alpenwiese in Erfüllung.

Rasen oder Blumenwiese? Diese Frage stellt sich besonders auf größeren Grundstücken. Im Gegensatz zum Zierrasen, der nur mit aufwendiger Pflege wie Mähen, Düngen, Bewässern gedeiht, braucht die ausdauernde Blumenwiese sehr wenig Pflege. Zweimaliges Mähen (Ende Juli nach dem Aussamen und kurz vor dem Frost) genügen meist, Düngung und Bewässerung sind – von extremen Trockenperioden abgesehen, nicht erwünscht. Allerdings darf sich der Mensch darin nur auf Pfaden bewegen, die entweder in den üppigen Wildwuchs gemäht oder von vornherein als Wege angelegt werden. Blumenwiesen sollen nicht viel Arbeit machen und pflegeleicht sein. Sie sind daher zum Betrachten, Genießen und als Beitrag zum Erhalt unserer Umwelt gedacht. Gelegentliches Betreten ist nach dem Abmähen im Herbst und Winter möglich, das Bespielen würde jedoch schaden. Eine Mindestgröße für solche Blumenwiesen gibt es nicht, auch schmale Blumenwiesenbänder, Baumscheiben oder Blumeninseln im Zierrasen oder zwischen Stauden und Gehölzen können ansprechend aussehen.

■ Die Blumenwiese entstand durch Pflanzung von vorgezogenen Wildstauden mit Ballen. Ein Pfad zum Betreten schlängelt sich durch die anmutige Blütenpracht.

Dauerhafte Blumenwiesen

Im ersten Jahr bieten auch mehrjährige Blumenwiesen durch kurzlebige Feldblumen ein ähnlich prächtiges Bild wie einjährige Mischungen. Damit ist die Freude der Besitzer im Jahr der Aussaat gesichert. Sie hält allerdings nicht an, denn die Samen von kurzlebigen Feld- und Ackerrandpflanzen wie Klatschmohn und Kornblumen haben es nach der Überwinterung schwer, im bedeckten Boden zu keimen. Während sie in den Folgejahren allmählich verschwinden, übernehmen langlebige Wiesenstauden und Gräser die Regie. Dem Nutzen für die Umwelt, insbesondere für Vögel und Kleintiere, die von den Samen naschen, schadet das nicht.

Doch während die bunte Pracht der Feldblumen zunächst für viel Pollen und Nektar sowie für einen herrlichen Anblick sorgt, haben als Unterwuchs schon langlebige Wiesenstauden wie Margeriten *(Leucanthemum)*, Schafgarben *(Achillea)*, Schlüsselblumen *(Primula)* oder Storchenschnäbel *(Geranium)* gekeimt. Sie wachsen während des ersten Jahres zu blühfähigen Pflanzen heran. Dabei dürfen auch würzig duftende Kräuter wie Wiesensalbei *(Salvia pratensis)*, Dost (Wilder Majoran, *Origanum vulgare)* oder Schmetterlingsmagneten wie die Witwenblumen *(Knautia arvensis)* nicht fehlen.

Wichtig: Damit sich die mehrjährigen Arten entwickeln können, brauchen sie nach dem Abblühen der Feldflora (Ende Juli–Anfang August) genügend Licht und Luft, d.h. einen Rückschnitt auf ca. 10–15 cm Länge. Oft blühen die einjährigen Blumen dann noch und es kostet

einige Überwindung zu mähen. Das darf jedoch kein Grund für Verzögerungen sein.

Die nächsten Seiten zeigen Feuchtwiesen mit üppigen Beständen von (links oben) Kuckuckslichtnelken und (rechts oben) Knabenkrautorchideen. Zudem (links unten) Färberkamille und (rechts unten) einen Gehölzrand mit Fingerhut und Wiesenmargeriten.

■ Eine harmonische Gestaltung bilden Bachlauf und Stauden wie Frauenmantel, Bocksbart und Iris.

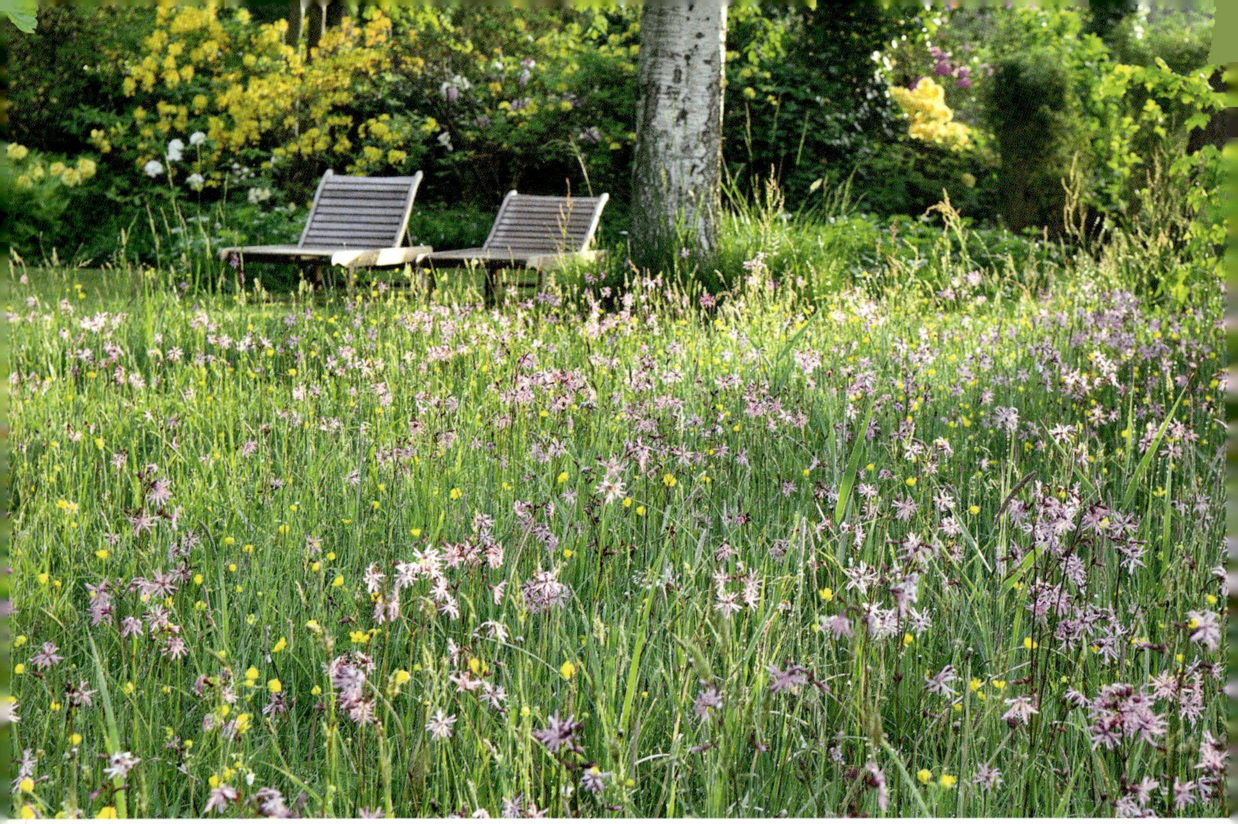
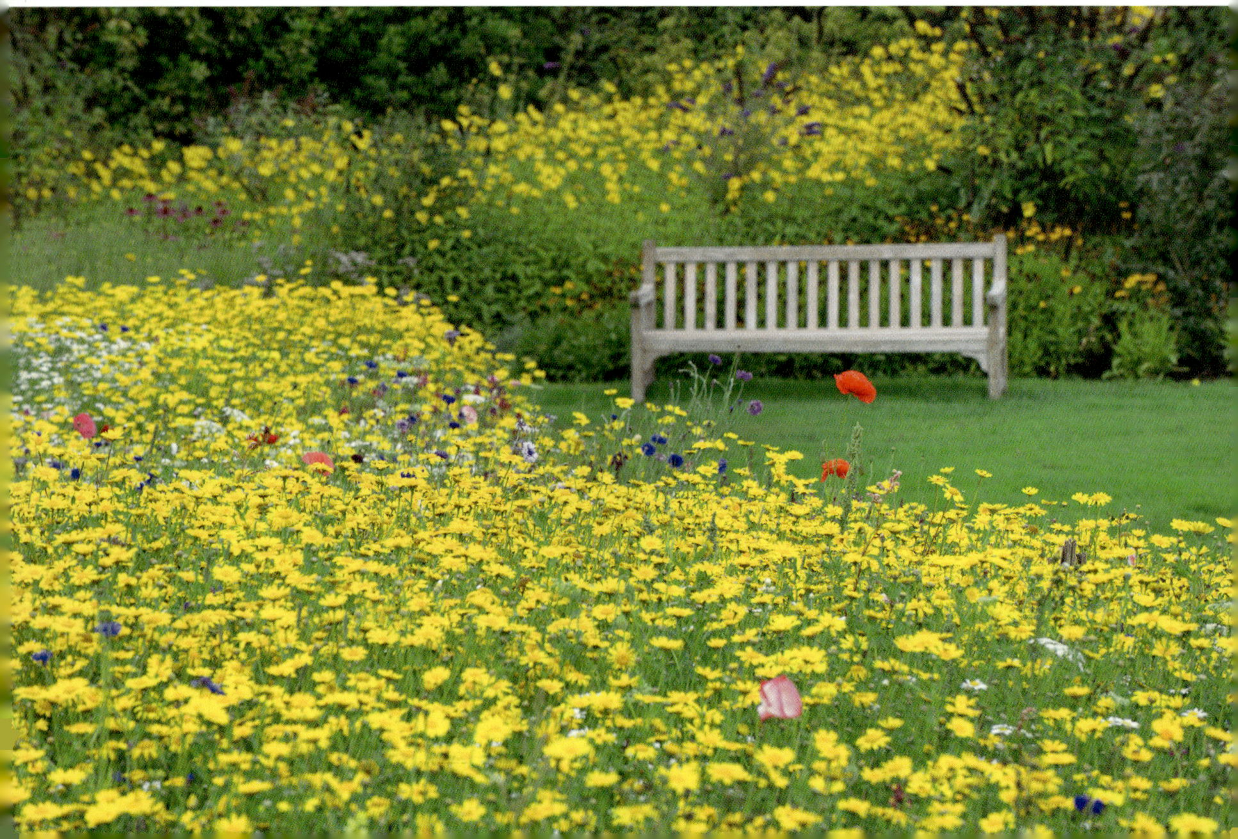

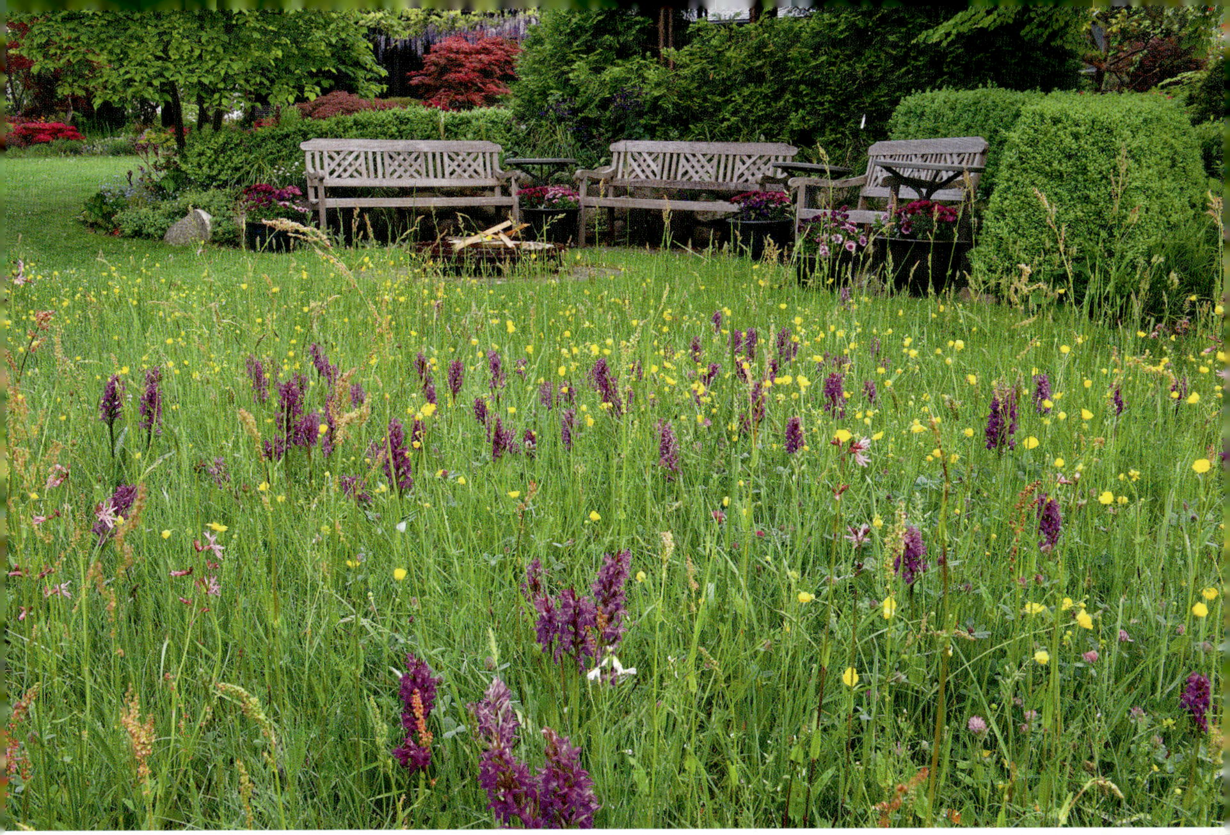

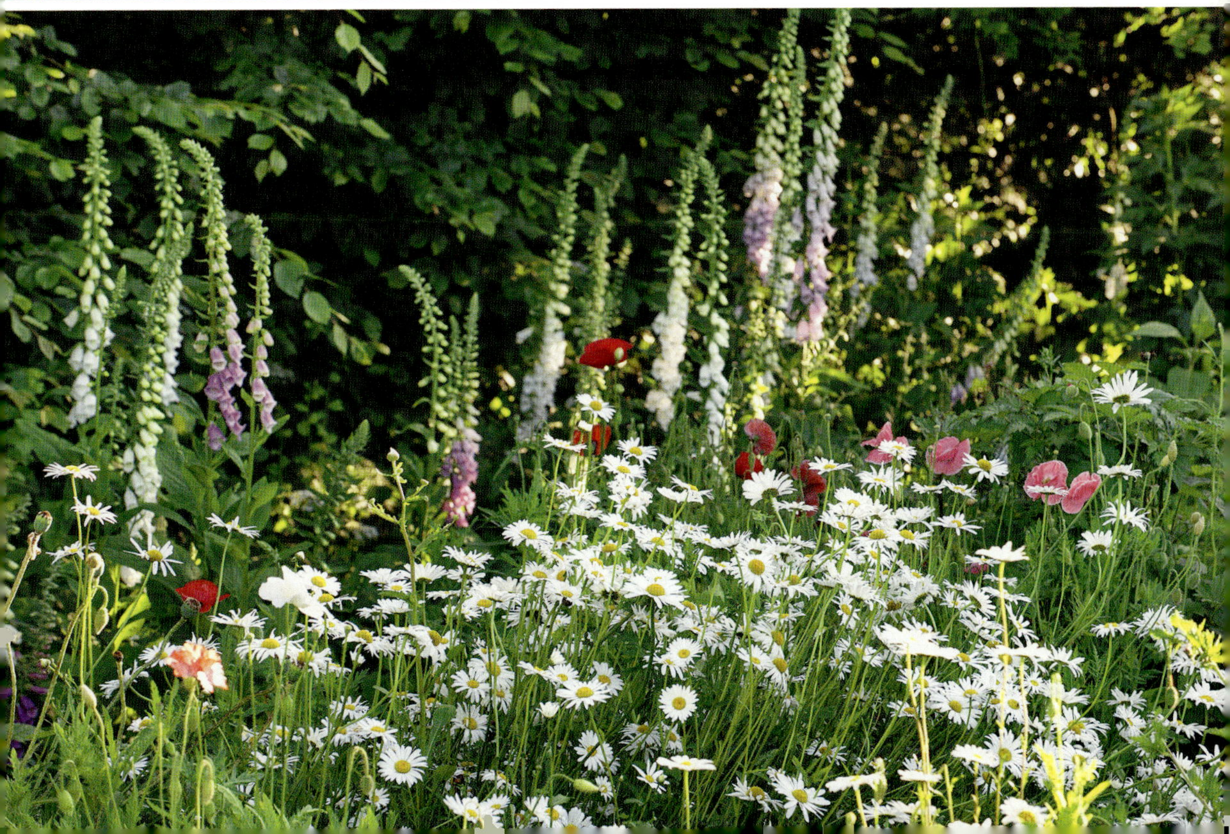

Aussaat und Pflege:
So wird es gemacht

Ob Zierrasen, Blumenrasen oder mehrjährige Blumenwiese, bei der Neuanlage ist im Wesentlichen nur das Saatgut verschieden. Blumenwiesen sollen wenig Grassamen enthalten, sonst wird schnell ein Rasen daraus und die Blumen werden unterdrückt.

Wichtig: die Angaben der Lieferanten beachten. Für sonnige Blumenwiesen reichen sparsame 8–10 g Gräsermischung pro m², denen das Blumensaatgut (meist 2–4 g/m²) beigemischt wird. Für Halbschatten empfiehlt sich die Beigabe einer Schattenrasenmischung, die zierlichere Gräser enthält. Im vollen Schatten gedeihen nicht genügend Wildblumen, deshalb ist ein solcher Standort ungeeignet.

■ Das Umwandeln eines schütteren Rasens in eine blühende Wiese ist ein häufiger Wunsch, der jedoch einige Vorarbeiten erfordert. Leider genügt es nicht, Saatgut einfach oberflächlich einzuarbeiten. Erfolg bringt gewöhnlich nur eine Neuanlage.

■ Die günstigsten Aussaatbedingungen dafür herrschen zwischen Anfang April und Juni. Auch die Zeit von August–Anfang Oktober ist noch geeignet, speziell wenn an eine Pflanzung von Blumenzwiebeln zum Verwildern oder an einen Blumenrasen mit vielen Kaltkeimern gedacht ist.

■ Falls gewünscht, kann man mit Zugaben von Sand den Boden abmagern mit Mergel kalkhaltige Verhältnisse herstellen und so die Wachstumsbedingungen für die später blühenden Arten in der Blumenwiese beeinflussen.

■ Für das dauerhafte Gelingen ist ein magerer unkrautfreier Boden Voraussetzung.

Aus diesem Grund muss der vorherige Pflanzenbestand restlos beseitigt werden. Dazu kann man den Boden wie bei einer Rasenneuanlage üblich umgraben, umpflügen, abschälen oder mehrmals fräsen. Lassen Sie die Fläche für 3–4 Wochen unbearbeitet liegen (sog. Schwarzbrache), dann keimen im Boden zahlreich lagernde Samenunkräuter. Vor der Aussaat sollten Sie nochmals durchfräsen, um auch diese zu beseitigen. Bei hartnäckigen Wurzelunkräutern wie Winden, Quecken, Ampfer oder Knöterich kommt man nicht um ein sorgfältiges Entfernen aller Pflanzenreste umhin. Dabei sind mechanische und thermische Verfahren als umweltfreundliche Maßnahmen im Hausgarten gegenüber einer chemischen Bekämpfung zu bevorzugen. Nachdem im Vorfeld die Wurzelunkräuter gründlich ausgegraben und abgesammelt wurden, kann eine Abdeckung mit Mulchvlies oder wasserdurchlässiger Folie über einen längeren Zeitraum gute Wirkung erzielen.

■ **oben links: Die alte Fläche wird tiefgründig umgegraben.**
■ **oben rechts: Durch Zugaben wie Sand oder Mergel lässt sich der Boden verbessern.**
■ **unten links: Mit einer Harke wird die Oberfläche geebnet. Anschließend durch Walzen verdichten.**
■ **unten rechts: Nun den Samen gleichmäßig dünn verteilt ausbringen und bis zum Aufgang feucht halten.**

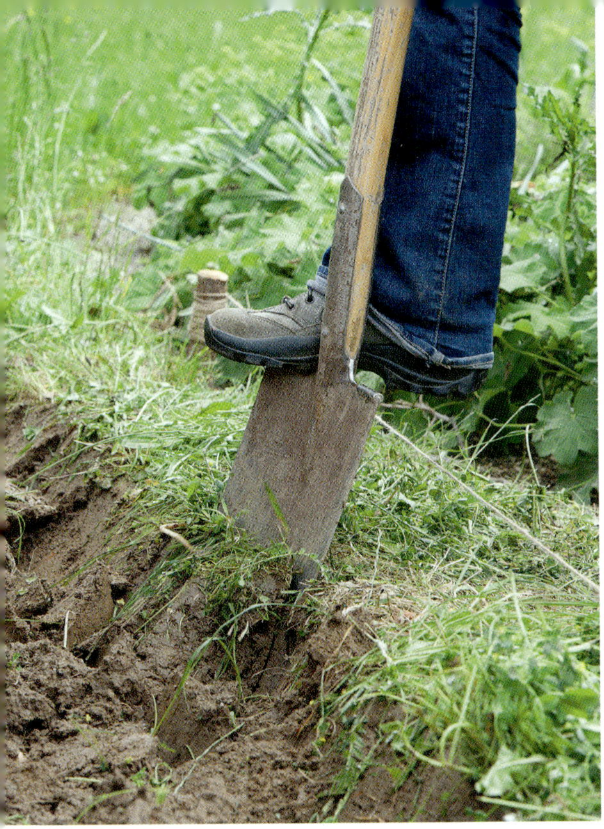
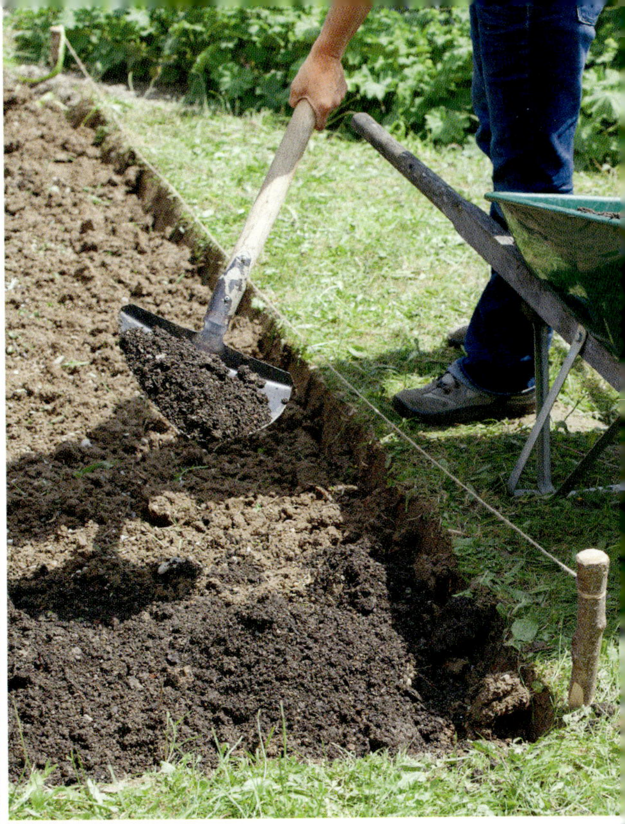
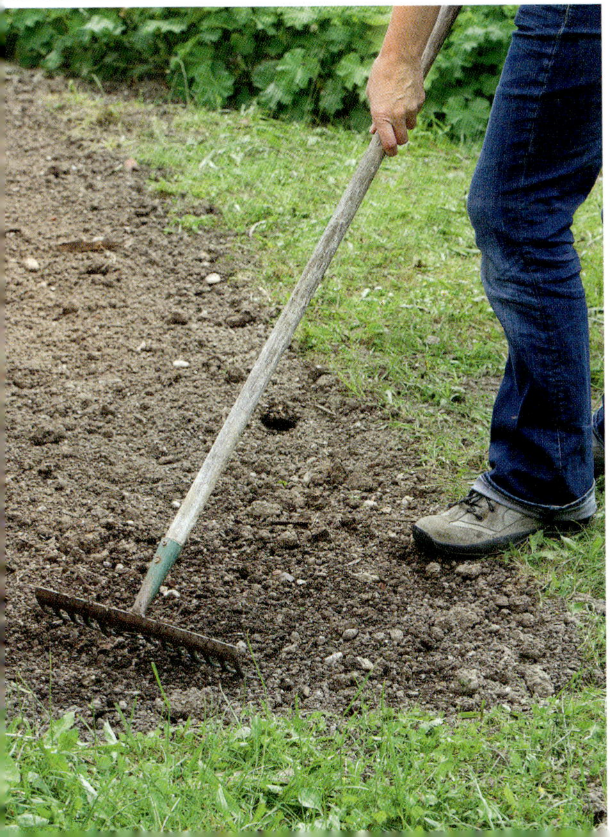
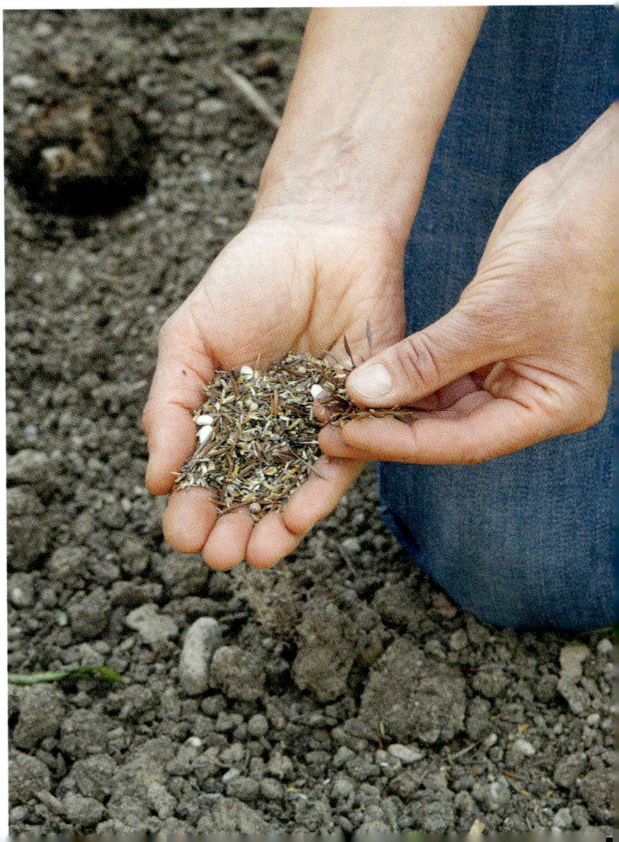

- Abschließend wird die Fläche mit einem Rechen modelliert oder so weit eingeebnet, dass eine krümelige saatfertige Fläche entsteht.

- Wurzeln, Steine, Pflanzenreste und Wurzelunkräuter müssen sorgfältig entfernt werden.

- Nun den Boden andrücken. Hierfür eignet sich gut eine Walze, die man im Fachhandel ausleihen kann. Sie wird leer transportiert und vor Ort mit Wasser gefüllt, wodurch sie das nötige Gewicht erhält. Auf kleineren Flächen kann man mit Antreten – die Schuhe dicht an dicht – ein ähnliches Ergebnis wie mit der Walze erzielen.

- Nur bei Windstille aussäen. Dabei den Samen für die Fläche abmessen und einteilen. Zunächst mit der Hand streifenförmig fein verteilt längs säen, anschließend kreuzweise ein zweites Mal quer. Nicht in den Boden einarbeiten, sonst gelangen die Lichtkeimer zu tief hinein und ihr Keimen ist gefährdet. Auch die Gräser benötigen zum Aufgehen Licht.

Den Samen mit einem Saatigel einrollen (gibt es leihweise im Gartencenter) oder mit einer Holzharke flache Rillen ziehen und dabei ganz leicht mit Erde vermengen. Auch nochmaliges Anwalzen oder Anklopfen mit einer Schaufel kann für den notwendigen Bodenkontakt sorgen. Gräser und Wildblumen sind überwiegend Lichtkeimer – daher ganz flach ausbringen, nur 0,3–1 cm tief.

- Bis zum Anwachsen aller Gräser (2–4 Wochen) und Stauden (4–8 Wochen) gut feucht halten. Es ist wichtig, dass die Fläche nicht austrocknet und damit der Keimvorgang unterbrochen wird. Am besten stellt man den Regner mit Hilfe einer Zeitschaltuhr täglich für ca. 10 Minuten an.

- Dass im Boden mitunter seit vielen Jahren »schmorende« Beikräuter keimen, sobald Wasser, Licht und Luft hinzukommen, ist normal. Auf kleinen Flächen kann man Unerwünschtes noch jäten. Dabei können allerdings noch weitere im Boden ruhende Unkrautsamen ans Licht gelangen und keimen. Zudem erkennt nicht jeder schon an den ersten Blättern, was in die Wiese gehört und was nicht. Deshalb verwenden Gärtner wie bei einer Rasenneuanlage die »Schröpfschnitt-Methode«. Dabei mäht man die Vegetation bei 10–15 cm Gräserhöhe mit einem Balken- oder Sichelmäher ab, der so hoch wie möglich eingestellt wird. Das stoppt den Höhenwuchs der meisten schnellwüchsigen Beikräuter wie z.B. Melde oder Franzosenkraut oder bringt sie sogar zum Absterben. Die meist noch kleinen Wildblumen mit ihrem Rosettenwuchs aber verzweigen sich, wachsen weiter und gewinnen später die Oberhand. Bei starkem Unkrautdruck muss man diesen Schnitt wiederholen.

Pflanzmethode

Die meisten Blumenwiesen entstehen durch Aussaat, das ist die kostengünstigste Methode. Im Naturgarten sind die Übergänge zum durchdacht angelegten Staudenbeet jedoch fließend. Hier wird dann gepflanzt, wobei gewöhnlich die Gräser als verbindendes Element fehlen. Die Ballenpflanzen besorgt man bei einem auf Wildstauden spezialisiertem Gärtner und verteilt Sie gemäß dem vorher erstellen Pflanzplan.

- Bis zum Pflanzen dürfen die Ballenpflanzen nicht austrocknen. Im Schatten sind sie gut aufgehoben, auch sollten sie vorher gründlich gewässert werden. Dadurch lösen sie sich auch besser aus ihrem Kunststoffbehälter.

- Die in Töpfen oder Containern heranwachsenden Pflanzen sollten gut durchwurzelt, aber noch nicht verfilzt sein. Auf jeden Fall fördert es die Bildung neuer Wurzeln und damit das Anwachsen, wenn man die Ballen mit den Fingern oder einem Schneidwerkzeug aufreißt und damit lockert.

- Mit einer Pflanzkelle verschafft man den Ballen ein kleines Loch, setzt sie hinein und erzielt durch Andrücken den notwendigen Bodenschluss.

- Den festen Bodenkontakt erhalten die Wurzeln durch gründliches Einschlämmen mit weichem Wasserstrahl.

- Gepflanzt wird in lockeren Gruppen je nach Art und Größe im Abstand von ca. 30–40 cm, sodass ein natürlicher Eindruck entsteht. Je größer die Pflanzen sind, desto besser wachsen sie an und können ihren Platz dauerhaft behaupten.

- Die beste Pflanzzeit ist von April–Mitte Mai oder im Herbst zwischen Ende August und Anfang Oktober.

- Diese Methode eignet sich auch dazu, auf ungenügend blühenden Stellen neue Impulse zu setzen.

Wildblumenmatten

Verunkrautete Böden, verfilztes Wurzelwerk im Untergrund und zu fette, nährstoffreiche Böden können den Spaß an einer Blumenwiese verderben. Das Problem lässt sich durch die Verwendung von Wildblumenmatten lösen, die auch für Hausgärten geeignet sind.

Bei dieser Methode kommt es nicht auf den Untergrund an. Er darf verunkrautet sein, auch zu fett und er darf Gräser enthalten, die den konkurrenzschwachen Wildblumen in die Quere kommen. Man muss den Boden auch nicht

- Die Wildblumenmatte gibt es auch mit vorkultivierten Pflanzen. Damit lassen sich schadhafte Stellen schnell ausbessern.

■ So präsentiert sich die Blumenwiese in einem neuen Garten im zweiten Jahr. Bald verschwindet der Mohn, dafür dominieren mehrjährige Wiesenkräuter.

auswechseln oder abmagern. Des Rätsels Lösung ist ein Vlies aus umweltfreundlicher Baumwolle, das unter optimalen Bedingungen im Gewächshaus besät wurde. Möglich ist sogar eine Kältebehandlung des Samens für Kalt- und Frostkeimer. Auch vorkultivierte Jungpflanzen lassen sich darauf kultivieren. Die Wildblumenmatte im Format 1,25 × 1 m wird von den nach unten wachsenden Wurzeln durchdrungen und verwächst so im Laufe der Zeit mit dem Untergrund. Umgekehrt ist es den nun bedeckten unerwünschten Unkräutern vor Ort wie Giersch, Sauerampfer, Knöterich und den Gräsern nicht möglich, die Matte nach oben durchzudringen. Ähnlich wie bei einem Anti-Unkrautvlies sterben die Pflanzen darunter ab und verschwinden.

Mit der Wildblumenmatte können somit Blumenwiesen mit wenig Aufwand auf allen Böden – auch auf nährstoffreichen – entstehen, denn der Konkurrenzdruck der ursprünglichen Flora ist ausgeschaltet und die Wildblumen wachsen ungestört heran.

Die Matten werden auf dem zuvor sehr kurz gemähten Boden ausgelegt. Eine weitere Bodenbearbeitung ist nicht notwendig. Beim Auslegen sollten sich die ca. 10 cm breiten Ränder überlappen, damit keine Lücken entstehen, durch die Pflanzen aus dem Untergrund durchwachsen können. Anschließend wird zwischen den Pflanzen mit einer ca. 3 cm dicken Schicht aus Sand, Kies, steriler Erde (z. B. Kompost aus dem Erdenwerk) oder auch mit 5 cm Rindenhumus abgedeckt. Wird alles ständig feucht gehalten, dringen die Wildblumen bald durch die Matte und verwurzeln mit dem Unterboden.

Kurz und bündig: Die wichtigsten Fragen

Wie kann man einen ungepflegten schütteren Rasen in eine Blumenwiese verwandeln?

Mit dem Aufreißen des Bodens und Einsäen einer Wiesenmischung ist es nicht getan, denn die Samen würden bald vertrocknen, die Gräser lassen nur wenige Blumen hochkommen. Am einfachsten: Die alte Narbe durch Umpflügen, Graben oder gründliches Fräsen beseitigen, dann wie bei einer Neuanlage vorgehen.

Wie muss der Boden beschaffen sein?

Ein völlig unkrautfreier Boden ist die beste Voraussetzung für das Gelingen der Wiese. Dieser dürfte allerdings selten zu finden sein. Vermeiden Sie für mehrjährige Blumenwiesen gedüngte, fruchtbare, üppige Böden. Auf ihnen ist die Gefahr groß, dass trotz aller Sorgfalt Gras- und Kleewuchs bald Überhand nehmen. Gut geeignet sind dagegen sandige, nährstoffarme Magerböden, auf denen der Graswuchs den Wildblumen Überlebenschancen lässt. Böden mit mittlerem Nährstoffgehalt werden abgemagert, d.h. möglichst über Jahre nicht mehr gedüngt, immer nur gemäht und das Schnittgut entfernt. Durch Einarbeiten von grobem Sand, fein abgesetztem Lehm, Rindenhumus oder Lauberde lassen sich der Säuregehalt und die Struktur des Bodens verändern.

Was ist wichtig bei der Auswahl des Samens?

Selbst mischen lohnt sich selten. Es gibt jedoch genügend gute erprobte und offiziell benotete Mischungen von zertifizierten heimischen Wildblumen aus kultivierten Beständen im Handel. Das Saatgut sollte möglichst gut an den Standort angepasst sein.

Ökologisch ausgerichtete Gärtner achten auf regionale Saatgutherkünfte von zuverlässigen Quellen, die sich an die Einteilung der Regionen halten. Diese ist in einer Karte (s. S. 46) festgehalten. Besonders wenn an einen Standort in der freien Landschaft oder angrenzend gedacht ist, kommt der Saatgutherkunft eine wesentliche Bedeutung zu – die Ausbringung fremdländischer Pflanzen ist dort nicht erlaubt. Reine Hausgärten sind von dieser Regelung jedoch nicht betroffen. Wer sich detailliert über die Beurteilung verschiedener Mischungen informieren möchte, findet Versuchsberichte z. B. der Landesanstalt für Landwirtschaft Dresden-Pillnitz im Internet.

Häufig trifft es zu, dass nicht alle Arten keimen oder sich später gut weiter entwickeln, dafür sind die Ansprüche der Pflanzen und die auf der Fläche gegebenen Bedingungen zu unterschiedlich. Manche sind Lichtkeimer, dürfen daher nicht mit

Erde abgedeckt werden. Andere sind Dunkelkeimer, die genau dies brauchen, wieder andere benötigen Kälte für ihre Entwicklung, gehen deshalb eventuell erst später auf. In guten Mischungen findet man daher eine große Zahl von Wildblumen aus kultivierten Beständen. Selbstverständlich ist sämtliches Wildblumensaatgut gentechnikfrei. Da unterschiedliche Bodenverhältnisse, die Bedingungen beim Keimen, Sonne oder Schatten auf die Blumenarten einwirken, wird letztlich nur eine gewisse Anzahl von Arten (meist 10–15) gut gedeihen, die sich den örtlichen Verhältnissen angepasst hat.

■ Zum Durchqueren der Wiese ist ein gemähter Pfad nützlich. Werden Besonderheiten beachtet, eignen sich fast alle Mäher.

Was gehört nicht hinein?

Weißklee sollte – da wuchernd – nicht enthalten sein. Ebenso keine Wurzelunkräuter wie Löwenzahn, Ampfer, Quecken, Winden, Knöterich und Disteln. Problematisch ist auch das Jakobskreuzkraut (Senecio jacobaea). Es blüht im Hochsommer herrlich gelb, doch die widerstandsfähige heimische Staude ist giftig für Menschen und Pferde, sie zählt darüber hinaus zu den stark invasiven Pflanzen.

Wie pflegt man im ersten Jahr?

Zunächst entwickelt sich eine meist üppige ein- oder zweijährige Feldrandvegetation, so wie auf einem Ackerrand, den der Bauer mit Pflug und Egge bearbeitet. Mit herrlich leuchtendem rotem Mohn, gelben Wucherblumen und blauen Kornblumen, die sich zwar wieder aussäen, aber oft später nicht mehr zum Zuge kommen. Damit daraus die gewünschte Wiesenvegetation für die nächsten Jahre wird, brauchen die langsam wachsenden mehrjährigen Wiesenblumen wie Margerite, Salbei, Pimpernelle oder Wiesenbocksbart genügend Licht und Luft, damit sie sich im Herbst noch bis zur Blühfähigkeit entwickeln können. Mähen Sie daher spätestens im August, auch wenn die Wiese noch blüht. Markieren Sie Erdorchideen mit je einem Stock und warten Sie mit dem Abmähen bis zum Spätherbst. Erst dann ist das Einlagern von Vorräten für den nächsten Austrieb in unterirdische Wurzelstöcke abgeschlossen.

Wie oft sollte man mähen?

In der Zeit von Ende Juni–Ende Juli/Anfang August wird nach dem Aussamen der Wildblumen zum ersten Mal gemäht, auf wüchsigen Böden mitunter auch ein zweites Mal im Frühherbst. Unbedingt nötig ist jedoch ein niedriger Schnitt auf 2–5 cm Höhe im Spätherbst, möglichst kurz vor dem Winter. Damit werden auch Laub und Halme entfernt, sodass sich Mäusen und anderen Schädlingen kein Unterschlupf vor Raubvögeln und anderen Jägern bietet. Die Fläche sieht anschließend fast so gepflegt wie ein Rasen aus. Blumenzwiebeln können sich im Frühjahr darauf optimal entfalten.

Welche Mäher eignen sich?

Dass man zum Mähen ein Könner beim Sensen sein muss, hat sich glücklicherweise als Irrtum herausgestellt. Mit Ausnahme von Walzenmähern und Mährobotern kommt man bei trockenem Wetter mit allen robusten Geräten zurecht. Stellen Sie das Mähwerk so hoch wie möglich und mähen Sie ohne Grasfangkorb, sodass sich das Schnittgut leicht entlädt. Besonders gut mähen Balkenmäher, sie kommen auch mit hohen Beständen und feuchtem Wetter zurecht. Ist das Schnittbild noch nicht gut, weil manche Blattstiele abgeknickt und zerrupft daniederliegen, wartet man etwa eine Woche, bis sie sich wieder aufgerichtet haben und mäht danach ein zweites Mal.

Nicht mulchen! Das relativ grobe Schnittgut sollte unbedingt entfernt werden, dabei magert der Boden auch ab. Man kann die Blattmasse kompostieren und damit wertvollen Humus erzeugen.

Was tun, wenn die Wiese nur spärlich blüht?

Im April/Mai kann man auf zuvor kurz geschorenen Flächen locker verteilt Ballenpflanzen von Wildstauden wie Duftveilchen, Margeriten, Schlüsselblumen, Johanniskraut, Wiesensalbei oder Glockenblumen einsetzen. Damit sie gut anwachsen, sollte man verfilzte Ballen aufreißen und in den Anfangswochen reichlich gießen.

Eine einfache Lösung bieten auch vorkultivierte Wildblumenmatten, die man passend zuschneiden und an der zu reparierenden Stelle auf den sehr kurz geschnittenen Boden ausbringen kann (s. S. 41). Sand oder sterile Erde zum Abdecken verhindern das Austrocknen und Schäden durch Vögel. Damit die Pflanzen gut anwachsen können, müssen sie über längere Zeit (6–8 Wochen) ständig sehr feucht gehalten werden.

Ein sicherer Tipp: Mit verwildernden Blumenzwiebeln ergänzen. Sehr gut breiten sich im Frühling Schneeglöckchen, Schneeglanz, Blaustern, Wild- und Kulturkrokusse, viele Arten von Narzissen und Hasenglöckchen aus. Das Blütenjahr klingt aus mit Herbstzeitlosen und Herbstkrokussen.

Mehrjährige Samenmischungen für Hausgärten

Dieses Buch wendet sich an Hausgärtner, für die weniger strenge Regelungen gelten. Wichtig: Bei der Ausbringung in der freien Landschaft (also außerhalb des Hausgartens) ist nur heimisches (autochthones) Saatgut zu verwenden, das aus dem kultivierten Nachbau von Wildblumen aus den in acht Regionen eingeteilten Beständen stammt. Unsere Auswahl enthält erprobte Mischungen von seriösen Anbietern, mit denen langjährig gute Erfahrungen vorliegen. Angesichts des großen Angebotes kann sie keinen Anspruch auf Vollständigkeit erheben.

Herkunftsregionen innerhalb Deutschlands

1 = NW: Nordwestdeutsches Tiefland
2 = NO: Nordostdeutsches Tiefland
3 = MD: Mitteldeutsches Flach- und Hügelland
4 = WB: Westdeutsches Berg- und Hügelland
5 = SO: Südost- und ostdeutsches Bergland
6 = SW: Südwestdeutsches Berg- und Hügelland am Oberrhein
7 = SD: Süddeutsches Berg- und Hügelland
8 = AV: Alpen- und Alpenvorland

■ In der freien Landschaft darf nur kultiviertes Wildblumen-Saatgut aus den acht Herkunftsregionen verwendet werden.

Einige Mischungen enthalten bereits passende Gräser, bei anderen müssen diese noch zugefügt werden. Auskunft erteilen die Hersteller.

Mischungen für Sonne und mageren Boden

Magerrasen, von Rieger-Hofmann
(Abb. S. 49 oben)

Diese Mischung enthält überwiegend konkurrenzschwache und niedrige Arten, die sich auf mageren, nährstoffarmen Böden optimal entfalten können. Sie vertragen viel Sonne und halten auch längere Trockenperioden gut aus, passen deshalb auch an sonnige Säume, vor Hecken und an Böschungen. Die Blütezeit erstreckt sich vom zeitigen Frühjahr bis in den späten Herbst. Der Magerrasen kommt mit ein- bis zweimaliger Mahd zwischen Juli und September aus. Aussaatmenge: 3 g/m². Höhe: 60–100 cm.

Magerwiese 6a, von Syringa
(Abb. S. 49 unten)

Diese Mischung für sandige, kiesige und humusarme Böden eignet sich auch für Böschungen und Wegraine, für Lärmschutzwälle und zur Artenanreicherung und Reparatur von bestehenden Magerwiesen. Markante Wildblumen sind u. a. die herrlich gelb blühende Färberkamille, Große Braunelle, Karthäusernelke, die

■ oben: Magerrasen von Rieger-Hofmann in München–Riem im zehnten Jahr nach der Aussaat.
■ unten: Magerwiese 6a von Syringa. Für nährstoffarme Böden, Böschungen, Wegraine und extensiv genutzte Flächen.

üppig und lange blühende Moschusmalve, Rundblättrige Glockenblume, Scabiosenflockenblume, Wiesenflockenblume, Gewöhnlicher Thymian, Ehrenpreis, Wiesenbocksbart, Wiesenmargerite sowie ein besonders häufig umschwärmter Anziehungspunkt für Schmetterlinge: die Wiesenwitwenblume. Aussaatmenge: 2 g/m². Höhe: 60–80 cm.

Mischungen für alle Böden

Sonnige Wildblumenwiese, von Syringa, (Abb. S. 51 unten)

Diese Universalmischung für Hausgärten eignet sich für überwiegend sonnige Plätze und alle Böden. Auffallende Wildblumen in dieser schönen bunten Mischung sind u. a. der blaue Ackerrittersporn, die weiße Echte Kamille, gelbe Färberkamille, blaue Kornblume, rosa Kornrade, die rosa Kuckuckslichtnelke, violetter Wiesenstorchschnabel, die zeitig blühende Wiesenschlüsselblume, Wilder Majoran, Wiesenglockenblume, Wiesensalbei, Wiesenwitwenblume und gelber Wiesenbocksbart. Damit bietet sie der Insektenwelt schon vom Frühjahr an bis zum Frostbeginn ein lang anhaltendes Angebot von Pollen- und Nektarlieferanten. Aussaatmenge: 2 g/m². Höhe: 70–90 cm.

Profiline-Wildblumenwiese, von Kiepenkerl

Diese Wildblumenwiese für alle Standorte ist besonders pflegeleicht, denn sie muss nur 1–2-mal im Jahr gemäht werden. Besonders viele verschiedene Arten von ein- und mehrjährigen Wildblumen und Wildkräutern (mehr als 20 % der Mischung) ergeben ein herrlich farbenprächtiges Bild. Nicht nur in den lichtreichen Monaten nach der Aussaat, sondern auch nach der Überwinterung in den folgenden Jahren, vom zeitigen Frühjahr bis zum Beginn der Fröste. Die enthaltenen Gräser sind eher schwachwüchsig, sodass sie nicht Überhand nehmen. Vier verschiedene Leguminosen wie der feuerrote Inkarnatklee, die blau-violette Luzerne oder der gelbe Hornschotenklee sorgen für natürliche Zufuhr an Stickstoff aus der Luft. Mithilfe von Bakterien werden die Nährstoffe in Wurzelknöllchen eingelagert. Frost setzt sie über Winter frei und danach stehen sie den Wiesenblumen als natürlicher Dünger zur Verfügung. Aussaatmenge: 5–10 g/m². Höhe: 70–90 cm.

Mischungen für den Halbschatten

Blühende Waldwiese, von Sperli

Diese zauberhafte Universalmischung für halbschattige Situationen und Gehölzränder in Hausgärten eignet sich für alle leichten und anlehmigen Gartenböden (anlehmige Böden sind Sandböden mit geringem Feinkornanteil und damit verbundener geringer Wasserspeicherfähigkeit). Sie dürfen auch mäßig feucht sein. Der anmutige Naturgarten-Mix enthält zahlreiche ein- und mehrjährige Wildblumen, die auch bei wenig Licht im Halbschatten oder an Gehölzrändern zum Blühen kommen. So z. B. Akeleien, Duftveilchen, Ehrenpreis, Fingerhut, Günsel, Judaspfennig, Kuckuckslichtnelke, Nachtviole, Primeln, Storchschnabel, Vergissmeinnicht oder Habichtskraut. Aussaatmenge: 2–3 g/m². Höhe: 10–120 cm.

■ oben: Artenreiche Universalmischung von Syringa für alle Böden im Hausgarten geeignet.
■ unten: Sonnige Wildblumenwiese von Syringa. Die üppig blühende Mischung enthält viele sicher blühende Arten wie die gelbe Färberkamille, Wiesenwitwenblume und Wiesensalbei.

Mischungen für besondere Zwecke

Blumen- und Kräuterrasen, von Rieger-Hofmann

Diese Mischung von ca. 20 schnittverträglichen Wiesenblumen bringt Farbe und Leben in das sonst übliche Einheitsgrün von Zierrasen in Hausgärten. Sie kann vier- bis fünfmal im Jahr abgemäht und mit mäßiger Belastung auch betreten werden.

Die Schnitthöhe von 5 cm sollte dabei nicht unterschritten werden, damit die Rosetten der Wildblumen keinen Schaden nehmen. Dieser Blumen- und Kräuterrasen eignet sich auch zum Verwildern von früh blühenden Zwiebelblumen, die schon nach kurzer Zeit (April–Mai) einziehen. Aussaatmenge: 2,5 g/m². Höhe: 40–50 cm.

Blumenreiche Schotterrasenmischung von Syringa

Wer seinen sonnigen Parkplatz oder Zufahrten zum Naturgarten-Grundstück für die bedrohte Natur nutzen möchte, ist mit dieser Mischung gut bedient, die besonders anspruchslose und trockenheitsverträgliche Wildblumen enthält. Auch das Befahren oder Betreten macht dem Feldthymian, dem Kleinen Habichtskraut, den Heide- und Karthäusernelken, dem Herbstlöwenzahn, dem Mauerpfeffer oder dem blauen Natternkopf und anderen Überlebenskünstlern wenig aus. Besonderen Genuss bereitet sie mit ihren zurückhaltenden Farben und sanften Düften bei der Gestaltung von Sitzplätzen. Sie eignet sich auch für Einsaaten in die Hohlräume von Gittersteinen. Aussaatmenge: 2,5 g/m². Höhe: 40–50 cm.

Fettwiese/Frischwiese, von Rieger-Hofmann, (Abb. S. 53)

Für nährstoffreiche Standorte eignet sich diese bunt blühende Wildblumenmischung. Im ersten Jahr sorgen heimische einjährige Feldblumen wie roter Klatschmohn oder himmelblaue Kornblumen für bunte Farbtupfer in der sich entwickelnden Wiese. Später prägen goldgelber Bocksbart, Margeriten, Glockenblumen, Flockenblumen und Wiesensalbei das artenreiche Bild. Empfohlen werden 2–3 Mähtermine und Nutzung des Grünguts z. B. als Viehfutter. Aussaatmenge: 3 g/m². Höhe: 80–120 cm.

Dachbegrünungsmischung, von Kiepenkerl

Begrünte Dächer sind immer Extremstandorte, auf der nur wenige angepasste Arten gedeihen. Das macht eine solche Pflanzengesellschaft aber nicht weniger bunt und erst recht interessant für viele Schmetterlinge, Hummeln und Bienen, die sich auf diesem kargen Standort in großer Zahl einfinden. Neben der Pflanzung ist auch die Aussaat möglich, dabei sollten die Mischungen keine Grassamen enthalten. Auffällige Bestandteile der Samenmischung sind rosa blühender Schnittlauch, ebenso Berglauch (*Allium montanum*) und die trockenheitsverträgliche, zierliche Felsennelke (*Petroraghia saxifraga*), Karthäuser- und Heidenelke, Habichtskraut, Feldthymian und Mauerpfeffer. Zum Gedeihen genügt eine 5–10 cm flache Schicht von sandigem kargem Boden. Eine solche extensive Begrünung kommt nach dem Anwachsen ohne jede Pflege aus. Wichtig ist ein sonniger Standort, denn die Pflanzen sollen auch einmal richtig durchtrocknen können, ohne dabei zu leiden. Aussaatmenge: 1 g/m². Höhe: 20–30 cm.

Heuwiesen

Was könnte naheliegender sein, als einfach die Vielfalt einer echten Bauernwiese zu übernehmen und das wieder auszusäen, was nach der Mahd aus dem trockenen Heu ausfällt? Das erste Mähen erfolgt auf dem Bauernhof gewöhnlich im Juni. Entsprechend erhält man eine Auswahl von früh blühenden Kräutern und Wildblumen, deren Samen jedoch gewöhnlich Mühe hat, richtig auszureifen und deshalb schwach keimen kann. Je später die Mahd, desto besser die Reichhaltigkeit und auch der Reifezustand der Samen. Meist erfolgt noch eine zweite oder sogar eine dritte Mahd, deren Auswahl jedoch immer weniger reichhaltig ausfällt. Bei einer Neuanlage sollte der Boden auch hier möglichst mager und durchlässig sein. Ist die Fläche entsprechend vorbereitet, kann man noch eine Herbstaussaat durchführen. Ansonsten muss das Saatgut trocken und kühl aufbewahrt werden, damit es bis zum Frühjahr seine Keimfähigkeit behält. Es bleibt über Winter genügend Zeit, um die Keimfähigkeit zu testen und danach die nötige Saatmenge abzuschätzen. Dabei ist es überflüssig, weitere Gräsersamen hinzuzusetzen.

■ Die üppig blühende Fettwiese von Rieger-Hofmann gedeiht bei Bad Hersfeld.

Mischungen zum Fördern von Insekten

Zum Schutz und zur Förderung bedrohter Insektenarten geht die Firma Neudorff neue Wege. Aus ihren langjährigen Erfahrungen mit nützlichen Tieren und umweltfreundlichen Pflanzenpflege-Produkten wurden unter dem Namen »WildgärtnerFreude« die folgenden vier Saatgutmischungen aus überwiegend heimischen Wildpflanzen und Wildkräutern entwickelt. Sie eignen sich alle für die Aussaat im Garten, sehen sowohl im ersten als auch in den anschließenden Folgejahren attraktiv aus, gedeihen üppig, blühen lange bis zum Frost und tragen zum Erhalt der jeweiligen Nützlinge bei.

Eine Grundmischung aus z. B. Färberkamille, Gemeiner Schafgarbe, Margeriten, Wilden Möhren, Dost, Wiesenflockenblumen, Wiesenglockenblumen, Wiesenwitwenblumen und Wiesensalbei, die schon ein breites Insektenspektrum anspricht, wird dabei durch spezielle Pflanzen der zu fördernden Gruppe verstärkt.

Zum Aussäen eignen sich möglichst unkrautfreie sonnige oder halbschattige Gartenecken. Eine besondere Freude finden aber auch Balkon- und Terrassengärtner daran, die nur über wenig Raum verfügen. Die robusten Wildblumenmischungen gedeihen bei sorgfältiger Pflege (nicht austrocknen lassen!) sogar in Gefäßen. Wer selbst aktiv werden und verschiedenen Gruppen von nützlichen Tieren nachhaltig und fachgerecht helfen möchte, findet hiermit gezielt ein passendes Angebot.

1 Bienengarten, ideale Bienenweide

Die enthaltenen Arten bieten vor allem Wildbienen und Hummeln viel Pollen und Nektar. Nach dem Startjahr mit optisch auffälligen einjährigen Sommerblühern wie blauem Faserlein, Kornblumen und Büschelschön, feuerrotem Klatschmohn, Ringelblumen und zartgrünem Dill wechselt das Bild ab dem zweiten Jahr komplett und enthält nur noch mehrjährige Wildblumen wie Gemeine Schafgarbe, Echtes Johanniskraut, Färberkamille, Heidenelke, Margeriten, Hornklee, Dost, Wiesensalbei, Wiesenglockenblume, Wilde Möhre und Wiesenflo-

ckenblume. Blütezeit: Juni bis zum Frost. Aussaatmenge: 5 g/m². Höhe: ca. 60 cm.

2 Nachtschwärmer Treff, duftende Mischung

Diese Mischung wirkt indirekt. Sie enthält abends und nachts besonders intensiv und angenehm süß duftende Wildstauden und Zweijährige wie Nachtviole, Nachtkerze, Melisse, Poleiminze, Seifenkraut, Rote Lichtnelke, Leimkraut, Goldlack und Weidenröschen. Davon angelockt finden sich viele Insekten auf Nahrungssuche ein. Auf den Blüten herumschwirrend werden sie zur leichten Beute von Fledermäusen. Blütezeit: Mai–Oktober. Aussaatmenge: 5 g/m². Höhe: 60–120 cm.

3 Gartenstars, samentragende Arten für Vögel

Hier spielen die nährstoffreichen Samen eine wichtige Rolle, auf die zahlreiche Vogelarten besonders in den Herbst- und Wintermonaten angewiesen sind. Neben ein- und zweijährigen Arten wie Buchweizen, Bocksbart, Herzgespann, Königskerzen, Kugeldisteln, Sonnenhut und Son-

nenblumen, Moschusmalven, Natternkopf und Nachtkerzen sind in dieser farbenprächtigen Saatmischung unter anderen auch die langlebigen Ochsenaugen, himmelblauen Wegwarten, rosa Moschusmalven und gelber Herbstlöwenzahn enthalten. Blütezeit: Juni–September. Aussaatmenge: 5 g/m². Höhe: 60–120 cm.

4 Bunte Schwärmerei, für Schmetterlinge

Obwohl auf den heimischen Schlüsselblumen schon im April/Mai Schmetterlinge Nektar saugen können, liegt der Blühschwerpunkt bei dieser Wiese auf den Spätsommer- und Herbstmonaten. Dies entspricht dem Wachstumsrhythmus dieser Insekten, die erst das Larvenstadium mit dem mehrfachen Häuten und die Verpuppung hinter sich bringen müssen, bevor sie sich an warmen Sommer- und Herbsttagen ausreichend Kraft anfuttern für die Eiablage und die kalte Jahreszeit. Dabei werden insbesondere Esparsette, Spitzwegerich, Knoblauchsrauke, Heilziest, Herbstlöwenzahn und Königskerzen dicht umlagert. Blütezeit: April bis zum Frost. Aussaatmenge: 5 g/m². Höhe: 60–120 cm.

■ Wer seine Blumenwiese aus vorkultivierten Wildstauden pflanzt, kann mit sicheren Ergebnissen rechnen. Margeriten und rosa Lichtnelken breiten sich von selbst weiter aus.

Besondere Formen der mehrjährigen Blumenwiese

Blumenrasen: Rasen und Wiese miteinander kombinieren

Praktische Nutzungsmöglichkeiten ergeben sich, wenn man Blumenwiese und Zierrasen miteinander kombiniert. In hinteren Gartenbereichen, am Gehölzrand oder Zaun, darf sich die umweltfreundliche Kräuter-Blumen-Gesellschaft voll entfalten, vorne am Weg oder auf Teilbereichen dagegen wird wie üblich gemäht. In den Wintermonaten aber präsentiert sich die ganze Fläche ohnehin wie ein Rasen.

Wer den einförmig grünen Zierrasen eintauschen möchte gegen eine bunt blühende Fläche, die sich aber auch zum Begehen und hin und wieder zum Bespielen eignet, findet im Blumenrasen eine geeignete Alternative. Sie ist ideal für größere und mäßig intensiv genutzte Familiengärten und für Freizeitgrundstücke, die nicht jede Woche, aber doch bei Bedarf mit einem Sichelmäher auf 6–10 cm Höhe gekürzt werden. Zwischen den Gräsern gedeihen mit flachen, eng an den Boden geschmiegten Blattrosetten viele weiß-rosa Gänseblümchen (*Bellis*

■ Im Sommer wird dieser Rasen am Genfer See intensiv gemäht. Kissenprimeln nutzen den Frühling, um sich auf dem lehmigen Boden in großer Zahl auszubreiten.

perennis), zartrosa Wiesenschaumkraut (Cardamine pratensis), blauer Ehrenpreis (Veronica chamaedrys), himmelblaue zierliche Glockenblumen (Campanula rotundifolia), gelbes Fingerkraut (Potentilla reptans) oder Kleines Habichtskraut (Hieracium pilosella) und violette Braunelle (Prunella grandiflora). Im zeitigen Frühling dominieren zauberhaft schöne, gelbe oder rosa Kissenprimeln (Primula vulgaris), nur wenige Tage später folgen dann mit herbem Duft viele goldgelbe Schlüsselblumen (Primula veris). Auch den süß duftenden blauvioletten heimischen Veilchen (Viola odorata) macht das Abmähen nichts aus. Mäßiges Betreten und Bespielen ist gestattet, aber allzu häufiges Fußballspielen würde die Blühpflanzen doch zu sehr leiden lassen.

Der langlebige Blumenrasen eignet sich nicht nur für kleine Flächen, sondern auch für größere. Trotz bunter Blumen sieht alles während der ganzen Vegetationszeit bis zum Herbst ordentlich aus, wirkt jedoch alles andere als spießig. Im Laufe der Jahre können sich die blühenden Pflanzen zu wunderbaren, dichten Flächen ausbreiten. Mit früh einziehenden Zwiebelblumen wie Krokussen, verwildernden Schneeglöckchen, Schneeglanz, Narzissen und Blausternchen lässt sich der Flor leicht ergänzen.

Ein Blumenrasen gedeiht am besten auf humosen, lehmigen, mäßig feuchten und nicht zu trockenen Böden. Er bietet sich daher speziell für Hausgärten an, wo die höheren Mischungen Probleme haben. Die Anlage ist wie bei der Blumenwiese mit einer Saatgutmischung möglich, sie wird sparsam (2 g/m²) mit Rasensamen vermischt.

Günstige Zeiten zur Aussaat sind Ende März–Mai und September–Ende Oktober. Weil Veilchen, Primeln, Braunelle und andere Arten kalte Temperaturen zum Keimen benötigen, hat sich vor allem die Aussaat im Herbst bewährt.

Wer die höheren Kosten und Mühen nicht scheut, kann in einen vorhandenen Zierrasen auch Jungpflanzen der erwähnten Wildblumenarten setzen und damit den Startschuss zum Einwachsen und Verwildern geben. Werfen Sie abgeblühte bunte Kissenprimeln oder Veilchen nicht weg, sondern bieten Sie ihnen die Chance zum Weiterleben im Blumenrasen! Bei genügend Feuchte fassen sie bald Fuß, Bienen sorgen munter für Einkreuzung. Um die weitere Verbreitung der nahrhaften Samen wird anschließend durch viele emsige Ameisen gesorgt.

Die Wiese auf dem Dach

Ein grünes Ökodach sieht nicht nur gemütlich aus, es hält auch schön warm und trägt mit blühender Trockenrasenvegetation zur Rettung bedrohter Schmetterlinge, Bienen und Hummeln bei. Auch wenn es meist nicht zum Begehen gedacht ist, bietet es doch ein willkommenes Stück Extra-Garten. Relativ leicht zu erstellen und deshalb häufig anzutreffen, ist ein grüner Pelz für Schuppen und Carport. Ist der Dachgarten groß genug, ist eine Wiese auf Hausdächern eine tolle Idee.

Was man dazu braucht:

Ein tragfähiges Dach (viele Carports sind darauf schon vorbereitet) in offener, sonniger Lage. Denn bei Hitze soll die Erdschicht auch einmal durchtrocknen (den gewünschten Pflanzen macht das nichts aus). Schattige Standorte sind ungeeignet, denn hier keimen leicht Samen von Bäumen und Unkräutern aus, die verwildern und überhandnehmen können.

■ Eine Trennfolie (aus PE oder PVC), die den Untergrund vor Durchtreten und Durchnässen schützt.

■ Ein Dränagesystem, das größere Mengen Regenwasser abführen und vorhalten kann.

■ Je nach Konstruktion ein Trennvlies zum darüber liegenden Pflanzsubstrat.

■ Ein kiesiges, sandiges Substrat (gibt es bei Landschaftsgärtnern von Herstellern wie z. B. Zinco) mit wenig Nährstoffen und geringem Humusanteil. Sehr gut geeignet sind gekörnte Lava, Bimsstein oder Tuff.

■ Pflanzen aus der Steingarten- und Trockenrasen- oder Dünenvegetation wie Dachwurz *(Sempervivum)*, Schnittlauch *(Allium schoenoprasum)*, Mauerpfeffer- und Fetthennearten in verschiedenen Blatt- und Blütenfarben *(Sedum)*, die es als Vegetationsspitzen *(Sedum*-Sprossen) gibt. Sie werden einfach ausgestreut und flach eingeharkt. Etwas aufwendiger sind vorkultivierte Ballenpflanzen in

■ Ballenpflanzen fürs Dach werden in ein Spezial-Substrat gesetzt. Schon bald wachsen sie an und bilden mit anderen Stauden eine hübsch blühende Wiese.

Anzuchtpaletten. Dafür kann man mit ihnen gezielt gestalten. Sie werden in Gruppen von mindestens 10–15 ausgepflanzt und angegossen. Mit weißen, gelben, roten oder rosa Blüten bilden sie in kurzer Zeit einen bunten Teppich, der auch bei längerer Trockenheit kaum Pflege braucht. Etwas mehr, 10–15 cm Schichthöhe, sind notwendig, um trockenheitsbeständigen Rollrasen oder gar Blumenwiesen gedeihen zu lassen. Diese kann man entweder aussäen wie beschrieben oder auch mit vorkultivierten Ballenpflanzen realisieren.

TIPP

Die Pflege auf dem Dach ist wenig aufwendig. In der Hauptsache müssen die ungewünschten Gehölzarten wie Weiden, Birken oder Ahorn, die sich durch Zuflug ansiedeln, ausgerottet werden. Am einfachsten geschieht dies durch gründliches Durchtrocknen während einer längeren Hitzeperiode. Dabei sterben anspruchsvolle Jungpflanzen ab, die robuste Dachvegetation überlebt. Gießen Sie also nicht und legen Sie die Dachbegrünung nicht im Schatten, sondern immer in voller Sonne an.

Trockenrasen auf Parkplätzen und Zufahrten

Weshalb müssen Fahrzeuge immer auf versiegelten Plätzen, auf zubetonierten, geteerten oder gepflasterten Flächen stehen? Werden sie offen gehalten durch Rasensteine oder durchlässige Gesteinsmischungen, finden Naturgärtner gerade auf Parkplätzen und Wegen ein ideales Betätigungsfeld, wenn es um eine um-

weltgerechte Begrünung geht. Regenwasser kann problemlos versickern, anspruchslose Wildpflanzen der Magervegetation können hier für die hungrige Insektenwelt gedeihen. Besonders für die Schmetterlinge stehen zahlreiche Blüten bereit. Ganz nebenbei sehen so gestaltete Flächen übers ganze Jahr interessant aus.

Die Anlage ist mit Ballenpflanzen möglich. Es geht aber auch wesentlich preiswerter, einfacher und schneller, nämlich mit dem Ausbringen einer speziellen, blütenreichen und herrlich würzig duftenden Schotterrasenmischung, z. B. von Syringa. Auch Dachbegrünungsmischungen sind geeignet. Die sehr feinen Samen werden sparsam und dünn verteilt auf Wegebaumischungen oder feinen Schotter ausgesät, dünn mit etwas sandiger Erde bedeckt, mit schwacher Brause gründlich angefeuchtet und 5–8 Wochen lang bis zur erfolgten Keimung feucht gehalten. Auch das Aussäen in die Lücken von Rasengittersteinen ist möglich. Damit sich die Erde nicht verdichtet oder verhärtet, ist guter Wasserabzug notwendig. Dies gelingt am besten mit einer Dachgartensubstratmischung, die besonders durchlässig ist.

TIPP

Als Schutz gegen Austrocknen oder hungrige Vögel hat sich das Abdecken von Aussaaten jeder Art mit einem luftigen Vlies bewährt. Darunter bildet sich ein feuchtwarmes Kleinklima, das den Aufgang fördert. Aber auch übermäßig warme Luft und Wasserdampf können so entweichen, Regen und Gießwasser dringen durch das feine Gespinst in den Boden.

Duftkräuterrasen

Bei Tau barfuß auf duftenden Kräutern zu treten, das ist schon ein wunderbares Gefühl und ein besonderes Erlebnis, das überdies den Kreislauf in Schwung bringt, alle Sinne weckt und ganz allgemein dem Wohlbefinden nützt. Für einen Duftkräuterrasen genügt schon eine kleine sonnige Fläche im Garten, möglichst dicht am Sitzplatz oder an einem mit Natursteinen gepflasterten Weg.

Wie kann man einen Duftkräuterrasen anlegen? Die klassische, aus England übernommene Methode ist das Auspflanzen von *Chamaemelum nobile* 'Treneague', einer ganz besonderen Sorte der Römischen Kamille. Sie bildet ohne Mähen einen niedrigen Teppich mit ca. 30 cm langen Trieben, aber keine Blüten. Das bedeutet auch keine Gefahr durch stechfreudige Insekten, also puren Genuss. Den Rasenersatz gibt es in Staudengärtnereien. Die Sorte 'Treneague' verträgt mäßiges Betreten, braucht nicht geschnitten werden und ist mäßig winterhart.

Dafür weniger geeignet ist die normale Römische Kamille *(Chamaemelum nobile)*. Auch diese hübsche Staude duftet sehr würzig, wächst aber buschig 20 cm hoch und trägt viele halb gefüllte weiße Blüten. Blätter und Blüten ergeben einen heilkräftigen Tee. Ebenso gut kann man mit Feldthymian *(Thymus pulegioides)* oder auch Quendel *(Thymus serpyllum)* herrlich duftende Wege oder Kräuterrasen anpflanzen. Mit zahlreichen kleinen Blüten in rosa oder violetten Farbtönen locken die heimischen Heil- und Feldkräuter viele Bienen und Hummeln herbei.

Für größere Flächen und für sonnige magere Stellen bietet der Handel Duft- und Kräuterrasenmischungen an, die man ähnlich wie andere Blumenwiesen gestalten kann. Meist erreichen die artenreichen Kombinationen mit mehrjährigem Dost, einjähriger Kamille oder gelb blühendem Johanniskraut eine Höhe von 40–70 cm. Sie können damit nur gelegentlich betreten werden ohne dabei Schaden zu nehmen oder allzu unordentlich zu wirken. Dennoch können Besucher ausgiebig die Blüten und aromatischen Düfte genießen. Für die Insektenwelt bietet sich hiermit ein Eldorado, das ausgiebig angeflogen wird.

■ Der Duftkräuterrasen aus englischer Kamille 'Treneague' braucht keinen Mäher. Er duftet beim Betreten wunderbar aromatisch – ein echter Genuss!

Kurzportraits von wichtigen Stauden-Wildblumen

1 Akelei, *Aquilegia vulgaris*

Vermutlich ist sie die »blaue Blume der Romantik«, von der einst die Dichter schwärmten. Mit ihren rüschenartig gegliederten Blüten zog sie schon im Mittelalter die Blicke auf sich und wanderte in die Gärten der Bauern und Burgherren ein. Die Wildform der Akelei ist an deutschen Waldsäumen heimisch, vorwiegend auf kalkhaltigen lehmigen Böden. Doch kommt sie mit jeder Art von Boden und unterschiedlichen Lichtverhältnissen zurecht und vermehrt sich leicht aus zahlreich gebildeten Samen. Die Blüten werden häufig von Bienen und Hummeln besucht. Blütezeit: Mai–Juli. Höhe: 60–80 cm.

2 Braunelle, *Prunella vulgaris*

Die heimische Wiesenblume blüht von Frühsommer bis lange in den Herbst hinein mit hübschen braun-violetten Blüten an gedrungenen walzenförmigen Blütenständen. Mit ihrem niedrigen buschig-flächig sich ausbreitendem Wuchs nimmt sie den Platz dicht am Boden ein, kommt daher sowohl mit praller Sonne als auch mit Halbschatten zurecht, sowohl auf trockenen als auch mäßig feuchten Böden. Die vielen Blüten werden gerne von Schmetterlingen und Wildbienen besucht. Kaltkeimer, daher Aussaat nicht im Sommer. Blütezeit: Juni–September. Höhe: 15–25 cm.

3 Dost, Wilder Majoran
Origanum vulgare

Auf dem bei uns an sonnigen Schotterstellen und auf trockenen Magerwiesen heimischen Dost drängeln sich an schönen Tagen Hummeln, Bienen und viele Falter auf der Suche nach Nahrung. Im Garten ist uns die alte Heil- und Würzpflanze mit den kleinen rosa-braunen Blüten besser unter dem Namen »Oregano« bekannt, ein Favorit für die mediterrane Küche mit scharf aromatisch schmeckenden Blättern. Auch die Gartenformen sind im blühenden Zustand für die Insektenwelt wertvoll. Für alle Böden, sofern sie nicht zu feucht sind. Blütezeit: Juni–September. Höhe: 50–60 cm.

4 Duftveilchen, Märzveilchen
Viola odorata

Schon bald nach der Schneeschmelze begrüßt das heimische Märzveilchen mit kurz gestielten dunkelvioletten Blüten den Frühling. Im Gegensatz zu allen später blühenden Veilchenarten zeichnet es sich durch herrlich süßen Duft aus, weshalb es auch schon früh in die Gärten geholt wurde. Weil Ameisen den ölhaltigen Samen verbreiten, verwildert es leicht im Rasen. Den niedrigen Trieben macht selbst mehrfaches Abmähen nichts aus, deshalb sind die in allen Teilen essbaren Duftveilchen eine gerne gese-

hene Bereicherung im Blumen- und Kräuterrasen. Sie blühen zur gleichen Zeit wie Kissenprimeln. Für alle Böden, für Sonne und
Halbschatten. Kaltkeimer, kommt daher erst
nach dem Winter zum Keimen. Blütezeit:
März–April. Höhe: 5–15 cm.

5 Esparsette, *Onobrychis viciifolia*

An sonnigen Hängen, Feldrändern und Säumen
gedeiht diese hübsche, üppig blühende Legu-
minose. Aus Südosteuropa kommend, hat sie
sich vor allem in Hessen auf kalkhaltigen oder
auch sandigen Magerböden eingebürgert. Mit
ihren zahlreichen rosa Blüten und dem langen
vielblütigen Blütenstand erinnert sie ein wenig
an Staudenwicken. Um an die reichen Nektar-
vorräte zu gelangen, brauchen Schmetterlinge,
Bienen und Schwebfliegen zum Öffnen der
schiffchenartigen Blüten etwas Geschicklichkeit.
Esparsetten werden auch als Futterpflanzen kultiviert. Sie sind Bestandteil zahlreicher Mischungen. Blütezeit: Mai–Juni. Höhe: 40–70 cm.

6 Ehrenpreis, *Veronica chamaedrys*

Mit seinem klaren Himmelblau ist der Gaman-
derehrenpreis ein auffälliger und hübscher
Bekannter in Gärten. Allerdings ist er im Zierrasen wegen seiner schnellen und flächigen
Ausbreitung oft unerwünscht. Im Blumenrasen
und im Magerrasen jedoch möchte man ihn
nicht missen, er kann sich sowohl in der Sonne
als auch im Schatten zu wunderschönen blauen
Teppichen auswachsen. Blütezeit: Mai–August.
Höhe: 5–10 cm.

7 Färberkamille, *Anthemis tinctoria*

Diese genügsame Staude ist ein Hauptbestandteil vieler Samenmischungen. Zusammen mit rotem Klatschmohn kommt sie schon im ersten Jahr in den Sommermonaten zur Blüte, später hält sie an sonnigen bis halbschattigen Stellen und auf sandig-magerem Boden viele Jahre lang durch und vermehrt sich gut weiter. Mit ihrem satten Goldgelb zieht der Korbblütler zahlreiche Insekten an, darunter viele Schmetterlinge. Blütezeit: Juni–September. Höhe: 60–80 cm.

8 Feldthymian, Quendel
Thymus vulgaris und Th. serpyllum

Beide Wildkräuter bevorzugen trockene, karge Verhältnisse und volle Sonne. Mit ihren vielen kleinen Blüten in hellen oder dunklen Rosatönen und mit intensivem, würzigem Duft sind sie bei der ganzen Insektenwelt beliebt, bieten vor allem reichlich Nektar. Die Pflanzen mögen offene, lockere Bedingungen und keine Konkurrenz. Sie passen daher in Mager-, Kräuter- und Schotterrasen. Optimal gedeihen sie mit ihrem niedrigen polsterartigen Wuchs auf steinigen Wegen. Blütezeit: Ende Juni–August. Höhe: 15–25 cm.

9 Fingerhut, *Digitalis purpurea*

Mit ihren langen violettrosa-weißen Blütenständen und den hutartigen Röhrenblüten zählen Fingerhüte zu den attraktivsten Wildblumen unserer Heimat. Obwohl sie eher sauren Boden bevorzugen, sind die zwei- bis mehrjährig wachsenden Pflanzen anpassungsfähig. Zu Hause an Waldrändern und auf Lichtungen passen sie nicht in dichte Wiesen, wohl aber an halbschattige Stellen, an Säume, vor Hecken und in kargen, noch offenen Boden. Die feinen Samen sind Lichtkeimer, daher bei der Aussaat über Herbst/Winter nicht bedecken und lange feucht halten. Blütezeit: Juni–August. Höhe: 120–130 cm.

10 Glockenblumen
Campanula rotundifolia und C. patula

Die in Europa und Nordamerika heimische Art mit ihren zierlichen lavendelblauen Blüten ist charakteristisch für naturnahe Blumenwiesen. Mit ihrem zierlichen Wuchs (Höhe 20–30 cm) und feinen Blüten ist sie nicht wählerisch und gedeiht an sonniger Stelle auf nahezu allen nährstoffarmen, auch trockenen Böden. Wer feuchteren und anlehmigen Boden hat, kommt mit der nahe verwandten wüchsigen Wiesenglockenblume *(Campanula patula)* besser zurecht. Diese schöne hellblaue Art kann 60–80 cm Höhe erreichen. Blütezeit: Juni–Oktober.

11 Günsel, *Ajuga reptans*

Wunderschöne blaue Blüten an bis zu 20 cm langen, walzenförmigen Blütenständen und dunkelgrüne bis rötliche, glänzende Blätter machen diesen heimischen Lippenblütler zum Blickfang an sonnigen bis halbschattigen Stellen. Der mattenartige Wuchs kann bei nährstoffreichem Boden und wenig Konkurrenz durch Ausläufer wuchernd sein. Die Blütezeit dauert lange

an bis in den Herbst. Für Säume, Halbschatten, Blumenrasen und Magerwiesen. Günsel wird von zahlreichen Insekten besucht. Hauptblütezeit: April–Mai, Nachblüte im Herbst. Höhe: 15–20 cm. Kaltkeimer, entwickelt sich daher erst nach den Wintermonaten.

12 Habichtskraut
Hieracium aurantiacum, Hieracium pilosella

Das wüchsige Orangerote Habichtskraut aus Europa und Nordamerika ist wegen seines schnellen Wachstums und der sicheren Blüte in vielen Wildblumenmischungen zu finden. Die behaarten 30–40 cm hohen Stängel und attraktiven Blüten in Orange bieten Nahrung für eine Vielzahl von Insekten. Das Kleine Habichtskraut *(Hieracium pilosella)* wird wegen seiner Blattform auch Mäuseohr genannt. Die zierliche, aber vermehrungsfreudige Pflanze blüht hellgelb und wird nur 5–15 cm hoch. Sie passt in Blumenrasen, auf Dachgärten und in Magerwiesen. Beide Habichtskräuter bieten Futter für eine große Anzahl von Insekten. Sie eignen sich für überwiegend sandige Böden, für Sonne und Halbschatten. Blütezeit: Mai–Oktober.

13 Heidenelke, Sandnelke
Dianthus deltoides

Auf mageren, trockenen und sandigen Flächen, auf eher sauren oder auch neutralen Böden ist diese blühfreudige Wildnelke in ganz Europa zu Hause. Von der Stiftung Naturschutz Hamburg und der Loki Schmidt Stiftung wurde die robuste Wildstaude wegen ihrer Bedrohung zur »Blume des Jahres 2012« ernannt. Falter und ihre Raupen schätzen die zierlichen Pflanzen mit den purpurroten Blüten als Kinderstube. Sie passt an sonnige Säume und in Magerrasen. Blütezeit: Juni–September. Höhe: 20–25 cm.

14 Hornschotenklee
Lotus corniculatus

Auf Magerrasen ist diese heimische, niedrige Kleeart mit ihrem robusten Wuchs häufig anzutreffen. Auf den goldgelben attraktiven Blüten finden sich mehr als 60 Arten von Wildbienen, Hummeln und zahlreiche weitere Insekten zum Pollensammeln und zum Nektarschlürfen ein, ebenso zahlreiche Schmetterlinge. Viele Schmetterlinge legen an seinen Blättern Eier ab, darunter ernähren sich auch die Raupen vom leuchtend blauen Gemeinen Bläuling von seinem Grün. Für überwiegend sandige, durchlässige Böden. Blütezeit: Mai–August. Höhe: 20–25 cm.

15 Karthäusernelke
Dianthus carthusianorum

Die uralte Heil- und Bauerngartenpflanze wurde früher wegen ihrer Wirkung gegen Rheuma und Muskelschmerzen häufig in Klostergärten kultiviert. Ihre Heimat sind magere Trockenrasen auf Muschelkalk, überhaupt kalkhaltige oder anlehmige nährstoffarme Böden, wie sie besonders in Süddeutschland häufig vorkommen. Ihre rosa bis purpurvioletten hübschen Röhrenblüten sind auf die langen Rüssel von Tagfaltern spezialisiert. Sie sind eine Zierde in trockenen Blumenwiesen, besonders auf kalkreichen

Böden und in Dachgartenmischungen. Blütezeit: Juni–September. Höhe: 50–60 cm.

16 Kissenprimel, *Primula vulgaris*

Die hellgelb blühende Wildform aus den Alpen
war Urahn für die beliebten mitunter knallbun-
ten Zierformen, die von Januar bis April Schalen
am Hauseingang und Vorgartenbeete zieren.
Finden sie zusagende Verhältnisse, zum Beispiel,
auf feucht-lehmigen Böden, können sie sich sowohl in voller Sonne als auch im Halbschatten
durch von Ameisen verbreitete Samen in Massen ausbreiten. Den flach anliegenden Rosetten
macht das Abmähen und mäßiges Betreten in
den Sommermonaten nichts aus. Wilde und in
den Rasen gepflanzte Topfprimeln kreuzen sich
nach Belieben, mit der Zeit entsteht somit ein
fröhlich-bunter Blumenrasen, zu dem auch
Duftveilchen, Gänseblümchen und Ehrenpreis
passen. Blütezeit: März–April. Höhe: 5–10 cm.

17 Kuckuckslichtnelke
Lychnis flos-cuculi

Die in Nordeuropa in Gräben, Sumpfrändern,
Mooren und Feuchtwiesen heimische Staude
verbreitet sich bei zusagenden Verhältnissen auf
frischen bis feuchten lehmig-tonigen Böden
über Samen und Ausläufer massenhaft. Mit
ihren dekorativ gezeichneten und zipfelig ge-
formten rosa Blüten können sie in Naturgärten
oder in Wassernähe zauberhafte Stimmung verbreiten, sowohl in der Sonne als auch im Halbschatten. Unter trockenen Bedingungen können
die Nelkengewächse langfristig nicht gedeihen.

Die Blüten sind auf langrüsselige Insekten wie Bienen und Schmetterlinge ausgerichtet. Blütezeit: Mai–Juni. Höhe: 40–80 cm.

18 Moschusmalve
Malva moschata

Die attraktive Staude blüht im Hochsommer und bei Rückschnitt sogar nochmals im Herbst. Sie ist auf sandigen, durchlässigen Böden in vielen Teilen Europas heimisch. Mit ihren großen rosa Blüten und zartem Moschusduft hat sie leicht den Weg in Naturgärten, Vorgärten, an Wegränder und in Blumenwiesen auf mageren Böden gefunden. Bienen, Hummeln und Falter finden sich häufig darauf ein. Blütezeit: Mai–September. Höhe: 50–100 cm.

19 Nachtkerze
Oenothera biennis

In den Nachtstunden duftet die Zweijährige mit den großen hellgelben Blüten angenehm. Sie kam einst aus Nordamerika, hat sich jedoch mit dem Bau und Betrieb der Eisenbahnen in ganz Europa verbreitet und gilt als eingebürgert. Die Blüten öffnen sich gegen Abend und schließen sich am Vormittag. Vor allem auf Sandböden ist sie aus der Landschaft nicht mehr wegzudenken und passt gut in Magerwiesen, sonnige Säume, Duftblumenwiesen und Schmetterlingswiesen. Aus den fleischigen Wurzeln lässt sich wie zu Großmutters Zeiten ein schmackhaftes Gemüse bereiten, das als »Rapontica« Bedeutung genoss. Blütezeit: Juni–September. Höhe: 50–80 cm.

20 Natternkopf
Echium vulgare

Mit seinen langen aufrechten Blütenstängeln, die mit vielen erst rötlich-violett, in der Vollblüte dann blauen Blüten besetzt sind, lockt der zwei- bis mehrjährige Natternkopf vor allem viele Schmetterlinge, Bienen und Hummeln, aber auch Nützlinge wie Schwebfliegen an. Die in ganz Europa an trockenen, nährstoffarmen Standorten heimischen Pflanzen gelten als eine hervorragende Bienenweide, die viel süßen Honig ergibt. Die zahlreichen Samen dienen ab Herbst den Vögeln als Nahrung. Mit seinen langen Pfahlwurzeln übersteht der Natternkopf Trockenperioden. Für Bienen- und Schmetterlingsweiden, Säume und Magerwiesen. Blütezeit: Ende Mai–Oktober. Höhe: 40–80 cm.

21 Gemeine Schafgarbe
Achillea millefolium

Obwohl nicht besonders auffällig, gehört die heimische Schafgarbe mit ihren weißen bis leicht rosa Blüten auf drahtigen Stielen in fast jede Wildblumenmischung, denn sie blüht sehr lange, üppig und an nahezu jedem nicht zu schattigen Standort. Zahlreiche Insekten steuern sie als Nahrungsquelle an. Wegen ihrer entzündungshemmenden und krampflösenden Eigenschaften gilt das würzig duftende Asterngewächs als Heilkraut (Bauchwehkraut). Rückschnitt regt die Verzweigung, Ausläufer- und Blütenbildung an. Optimal sind kiesige, nicht zu nährstoffreiche Böden an sonnigen oder halbschattigen Standorten. Blütezeit: Juni–Juli und nochmals im September. Höhe: 30–60 cm.

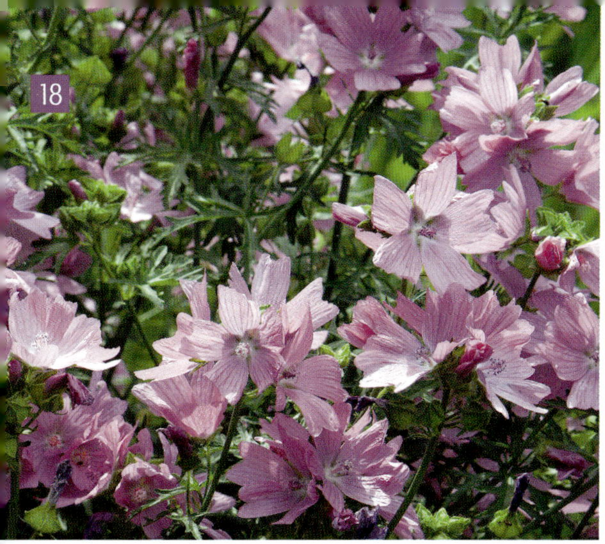
18

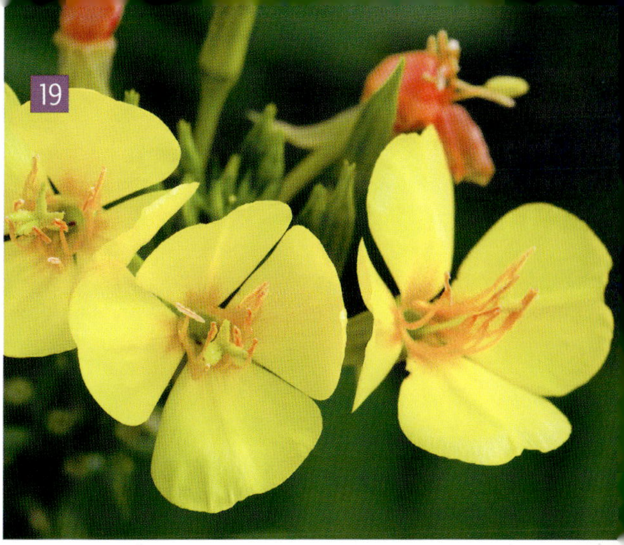
19

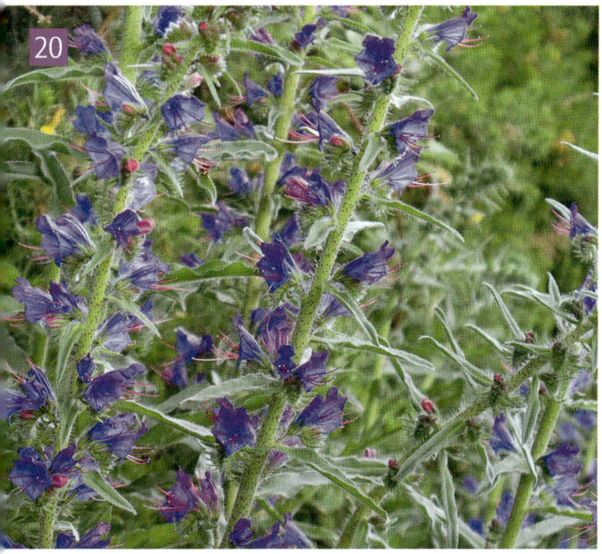
20

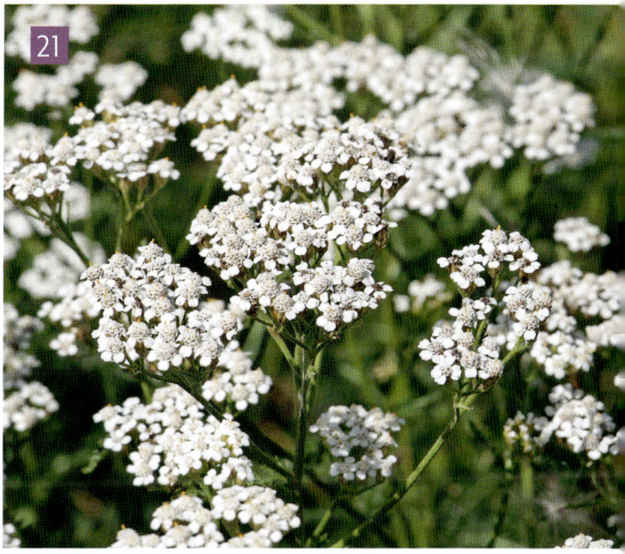
21

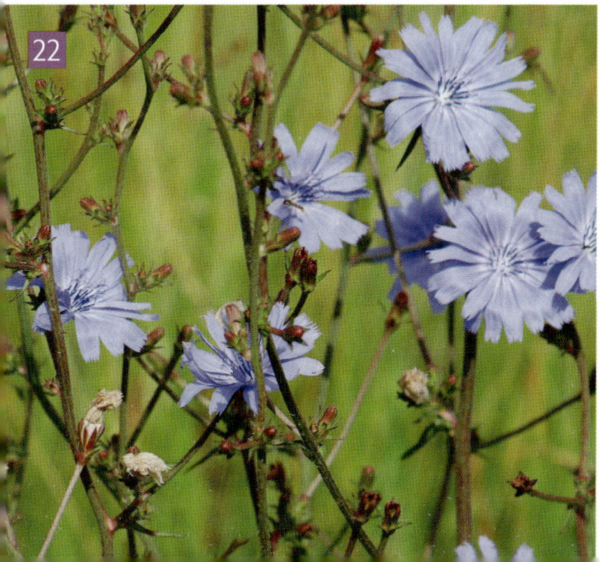
22

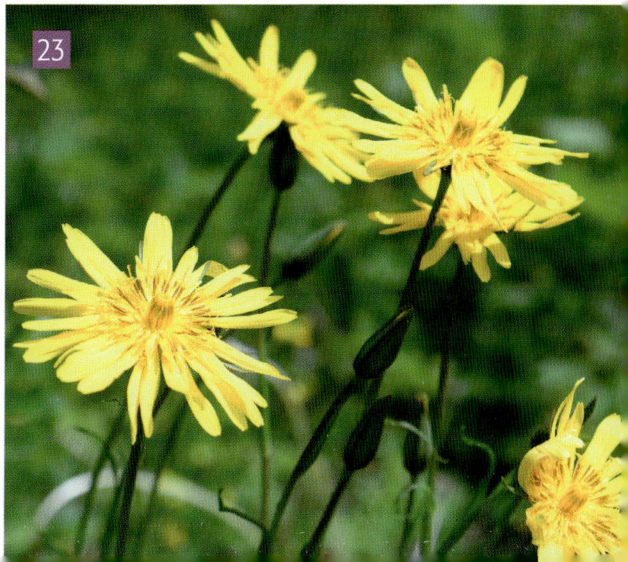
23

22 Wegwarte
Cichorium intybus

Aus der an vielen Straßenrändern gedeihenden himmelblauen Wegwarte entstanden zahlreiche Gemüse wie Blattzichorien, Chicorée, Kaffeezichorien, Endivien, Radicchio und Zuckerhutsalat. Sie alle besitzen lange Pfahlwurzeln und leuchtend blaue Blüten, die zur Mittagszeit schließen. Wegwarten werden von zahlreichen Faltern und nachtaktiven Insekten besucht. Die bitteren Samen sind bei Vögeln begehrt. Blütezeit: Juli–Oktober. Höhe: ca. 100 cm.

23 Wiesenbocksbart
Tragopogon pratensis

Der bei uns heimische, zwei- bis mehrjährige Bewohner sonniger Wegränder und Wiesen ist mit den Schwarzwurzeln verwandt. Die zuverlässig in sattem Goldgelb blühenden Korbblütler gehören in jede Blumenwiese, denn sie werden von zahlreichen Insekten besucht. Ihre an Flugschirmen hängenden, nahrhaften Samen reifen Ende Juni und sorgen dann sicher für blühfähigen Nachwuchs im nächsten Jahr. Vögel knabbern gerne daran. Der attraktive Bocksbart gedeiht auf nahezu allen Böden sowohl in der Sonne als auch im Halbschatten. Blütezeit: Mai–Juni. Höhe: 60–80 cm.

24 Wiesenflockenblume
Centaurea jacea

An Blütenreichtum ist dieser heimische Bewohner von Wegrändern und sonnigen Säumen kaum zu schlagen. Deshalb ist die Wildart auch in vielen Mischungen zu finden. Als Nahrungsquelle sind die auffälligen rosa-violetten Korbblüten bei vielen Faltern, Bienen, Hummeln und Nützlingen begehrt. Wiesenflockenblumen gedeihen auf nahezu allen Böden, sofern sie nicht zu feucht und undurchlässig sind. Blütezeit: Juni–Oktober. Höhe: 60–80 cm.

25 Gänseblümchen, *Bellis perennis*

Das heimische Gänseblümchen ist unverwüstlich. Darf es sich ungehindert ausbreiten, wird ein üppig blühender Rasenteppich aus leuchtendem Weiß-Rosa mit gelben Röhrenblüten in der Mitte daraus, den man bis auf 5 cm Höhe kürzen und auch betreten kann. Damit passen Gänseblümchen ideal zum Blumenrasen, der auf allen Böden in der Sonne und im Halbschatten gedeiht. Alle Pflanzenteile sind essbar und ergeben einen schmackhaften Salat. Die vielen Blüten bieten vor allem für Bienen und Hummeln wertvolle Nahrung. Blütezeit: Ende März bis zum Frost. Höhe: 5–15 cm.

26 Wiesenmargerite, Wucherblume
Leucanthemum vulgaris

Sie ist der Inbegriff einer sommerlich-fröhlichen Blumenwiese und darf deshalb nirgends fehlen. Als mehrjähriger Korbblütler bietet die robuste Wiesenstaude Pollen und Nektar für ein breites Spektrum von Schmetterlingen, Wildbienen, Hummeln, Schwebfliegen und anderen Nützlingen. Der Boden soll durchlässig, ohne stauende Verdichtungen und möglichst mager

sein, aber auch normale Erden sind geeignet. Die Pflanzen brauchen viel Licht, an schattigen Böden gehen sie mitunter ein. Blütezeit: Juni–Oktober. Höhe: ca. 70 cm.

27 Wiesensalbei, *Salvia pratensis*

Auf kalkhaltigen Bergblumenwiesen ist der heimische Wiesensalbei ein Star. Die an langen vierkantigen Stängeln sitzenden dunkelblauen Lippenblüten erfordern von ihren Bestäubern viel Akrobatik, um die aus zwei Teilen verbundenen Blüten auseinanderzudrücken und bis zum angebotenen Nektar vorzudringen. Dabei wird ihnen als Lohn der Pollen für die weitere Befruchtung aufgepackt. Die würzig duftenden, runzeligen Blattrosetten überstehen, weil niedrig am Boden ausgebreitet, die sommerliche Mahd meist unbeschadet. Für lehmige, kalkhaltige Böden an sonnigen Stellen. Blütezeit: Mai–August. Höhe: 50–60 cm.

28 Wiesenschaumkraut
Cardamine pratensis

Auf feuchten und nährstoffreichen Wiesen ist das heimische Wiesenschaumkraut im zeitigen Frühling unübersehbar. Dabei macht der Kreuzblütler mit seinen vielen zartrosa Blüten seinem Namen alle Ehre. Schon im April findet der Aurorafalter darauf seine Nahrung, ebenso Wildbienen und Hummeln. Die Pflanzen sind mitunter Bestandteil von Kräuterrasen. Der Standort darf dabei sonnig bis halbschattig, aber nicht zu trocken sein. Blütezeit: April–Mai. Höhe: 25–30 cm.

29 Wiesenschlüsselblume
Primula veris (syn. *P. officinalis*)

Feuchte, humose oder auch lehmige Böden und reichlich Sonne sind gute Bedingungen für das Gedeihen dieser heilkräftigen Frühlingsblume, die sich an zusagendem Standort in großen Trupps ausbreiten kann. Auf sandigen, nährstoffarmen Böden hat sie jedoch Schwierigkeiten, sich zu entfalten. Schon früh im Jahr bietet die goldgelb blühende Schlüsselblume mit Röhrenblüten Bienen und Hummeln Nektar und Pollen. Blütezeit: April–Mai. Höhe: 20–25 cm.

Für leichte, humose und feucht-frische Böden eignet sich dagegen die Hohe Schlüsselblume, auch Stängelprimel oder Waldprimel genannt (*Primula elatior*) mit hellgelben offenen Blüten auf hohem Stiel. Ihre üppigen Blütenstände sind nicht nur eine auffallende Zierde, sie werden häufig von Nektar suchenden Insekten angeflogen. Durch die zahlreichen Samen bildet diese hübsche Primel große und dichte Bestände. Sie eignet sich daher gut zum Verwildern und erweist sich besonders im Halbschatten als willkommene Bereicherung. Je nach Witterung erscheinen die Blüten von Ende März–Anfang Mai und treffen so auf zahlreiche Zwiebelblumen. Höhe 15–25 cm.

30 Wiesenstorchschnabel
Geranium pratense

In einer artenreichen Mischung darf diese typische heimische Wiesenblume nicht fehlen. Mit ihren nahezu runden großen Blüten in Vio-
lettblau ist sie über Sommer ein guter Partner von weißen Margeriten. Die ausdauernde Staude bevorzugt nährstoffreiche, mäßig feuchte Böden, die nicht zu sauer, eher kalkhaltig sein dürfen. Besonders Bienen und Schwebfliegen sammeln auf den leicht würzig duftenden Blüten, aber auch einige Falter. Die Pflanzen werden nicht von Schnecken gefressen. Blütezeit: Juni–August. Höhe: 50–60 cm.

31 Wiesen- oder Ackerwitwenblume
Knautia arvensis

Schmetterlinge sammeln sich auf dieser blühfreudigen, heimischen Wildstaude zuhauf, die in ganz Europa auf Ackerrändern und in Trockenrasen vorkommt. Sie zählt daher zu den besten Arten, wenn es um Falter- und Bienennahrung geht. Mit ihren leicht duftenden blauvioletten Körbchenblüten muntert das lange blühende Kardengewächs die Farben der Wiese auf. Die Böden können kalkreich bis neutral, anlehmig und möglichst humusreich sein. Die Pflanze passt zu allen Mischungen, an sonnige Säume und auch in den Halbschatten. Blütezeit: Juli–August. Höhe: 70–80 cm.

Mehrjährige Wiesengräser als Untersaat

Ausdauernde Gräser sind in einer richtigen Wiese unverzichtbar. Während der Blüte werden sie von zahlreichen Schmetterlingen und anderen Insekten besucht, ihre langen Halme bilden die Nahrungsgrundlage für die heranwachsenden

Raupen. Allerdings sollen sie den Wiesenblumen genügend Platz für die Entwicklung lassen und nicht allzu stark dominieren. Insofern sind unter den vielen Grasarten nur wenige geeignet. Überwiegend sollten sie mit feinen zierlichen Halmen wachsen, mäßiges Abmähen vertragen und nicht zu stark Ausläufer bilden. Ein eher horstiger Wuchs ist daher gefragt. Mastige Futtergräser kommen nicht infrage, wohl aber solche, die sich auf den traditionellen Heuwiesen der Bauern bewährten. Da jeder Boden und auch die Lichtverhältnisse unterschiedliche Verhältnisse mit sich bringen, variiert die Zusammensetzung der Gräsermischung je nach Zweck.

Mit der Aussaatmenge von Gräsern geht man im Interesse der Wiesenblumen sparsam um, die empfohlenen Mengen (meist 8–10 g/m²) sollten nicht überschritten werden. Für eine leichtere Ausbringung hat sich das Beimischen von Saathelfern wie Sägespänen, trockenem Sand oder Maisgries bewährt. Gräser sind Lichtkeimer, daher nur ganz leicht oder gar nicht bedecken, aber die Fläche bis zum Aufgang ständig feucht halten. Achten Sie auf Vögel. Sie picken gerne in Neuaussaaten herum und können die Saatmenge erheblich dezimieren.

Häufig verwendete Wiesengräser sind: Aufrechte Trespe *(Bromus erectus)*, Geruchsgras *(Anthoxanthum odoratum)*, Glatthafer *(Arrhenatherum elatius)*, Goldhafer *(Trisetum flavescens)*, Kammgras *(Cynosorus cristatus)*, Rotes Straußgras *(Agrostis capillaris)*, Rotschwingel *(Festuca rubra trichophylla)*, Schafschwingel *(Festuca ovina)*, Wiesenrispe *(Poa pratensis)*.

TIPP Hübsch anzusehen ist das Mittlere Zittergras *(Briza media)*, es sollte in der Wiese nicht fehlen. Auffallend sind seine zierlichen Halme mit vielen herzförmigen Blütenständen. Sie eignen sich gut als Beiwerk für Sträuße und zum Trocknen. Die beste Zeit zum Abschneiden ist ein sonniger Vormittag. Die Stiele werden gebündelt und mit einem elastischen Gummi zusammengehalten. Kopfüber an einem luftigen trocken Platz aufgehängt, sind die Gräser danach jahrelang haltbar.

■ Die zierlichen Zittergrasblüten bewegen sich bei jeder Bewegung im Wind. Häufig werden sie zum Basteln und für Sträuße verwendet.

Zwiebelblumen verlängern die Blütezeit

Wilde Zwiebelblumen am Naturstandort sind immer beeindruckend, ob auf Wiesen und an Waldrändern, auf Trockenflächen oder auf karstigem Gelände. Sie verlocken zum Träumen, wecken Erinnerungen an beeindruckende Wanderungen in unzerstörter Natur. Wie gerne möchte man etwas davon in den Garten holen.

Besonders beeindruckend sind die wilden, weißen kurzkronigen Dichternarzissen (Narcissus poeticus var. recurvus). Im wildromantischen Hochland des französischen Departements Ardèche kann man viele davon finden, im Salzburger Land rund ums österreichische Bad Aussee sind sie sogar Anlass für ein großes Narzissenfest und in der Schweiz am Genfer See kann man sie ganz leicht über die Autobahn erreichen. Nach der Abfahrt oberhalb von Montreux geht es aufwärts in die Berge, und schon bald kann jeder nach Herzenslust von Wegen aus die Blütenfülle genießen. Der Besucher erlebt Millionen von Blüten, die wie Schnee die Hänge überziehen und schwelgt in süßen Düften. Aufgrund der Höhenlage blüht diese bezaubernde Wildnarzisse erst Ende April–Anfang Mai. Wildformen der gelben Osterglocke (Narcissus pseudonarcissus) gibt es in den Höhen des schweizerischen Juras. Dank Loki Schmidt und einem Naturschutzprojekt der Universität Bonn findet man am Perlebach in der Hocheifel eindrucksvolle Wiesen mit Massen dieser gelben Wildnarzissen, die vor dem Überwachsen durch Wald gerettet werden konnten. Umwerfend schön sind auch englische Frühlingswälder. Unter den Gehölzen breitet sich im Mai ein blauer Teppich aus mit Milliarden von »Bluebells« (Hasenglöckchen), der englischen Nationalblume.

Zwiebeln aus kultivierten Beständen gibt es im Handel. Für die Kultur im eigenen Garten bieten mehrjährige Blumenwiesen und Blumenrasen beste Voraussetzungen. Hier können sie sich ungestört vermehren und lange genug Kräfte sammeln für den nächsten üppigen Flor. Mit ihnen verlängert sich das Blütenjahr beträcht-lich, nämlich um die Monate Februar, März, April, Mai und Juni im Frühjahr und um eine zweite Blühsaison im Herbst mit den Monaten September, Oktober und November. Für uns verlängern sie das Gartenjahr und lenken den Blick auf Stellen, die später unter Gehölzen völlig im Schatten liegen oder am Rand des Zierrasens von wuchtigen Stauden dominiert werden. So klein und winzig Schneeglöckchen, Märzenbecher oder Wildkrokusse auch sein mögen, im Vorfrühling sind sie verwildert in Mengen echte Hingucker und kommen groß raus. Sehr charmant können sich jedoch auch die Wildformen von Narzissen und Tulpen in Szene setzen, wenn sie sich in günstigem Umfeld nach Lust und Laune verbreiten dürfen. Ein Versuch lohnt sich immer und ist noch nicht einmal teuer. Schließlich sind Blumenzwiebeln eine einmalige und zudem preiswerte Investition, die sich mit zunehmender Pracht reich bezahlt macht und viele Jahre lang freudige Laune und Entzücken auslöst.

Blumenzwiebeln sind etwas Wunderbares. In ihnen hat die Natur die kommenden Monate schon vorprogrammiert und in unscheinbare Vorratsorgane, in Zwiebeln und Knollen, verpackt. Wir müssen sie nur rechtzeitig im Herbst bis allerspätestens November in den Boden bringen, damit sie noch Gelegenheit haben, ausreichend Wurzeln zu bilden. Wärmende Sonnenstrahlen sind es, die dann das Programm nach dem Winter ablaufen lassen. Lange bevor sich Rosen, Bäume und die meisten Blütensträucher entfalten, zaubern Zwiebelblumen schon sanfte oder freudige Farben in die sonst noch reichlich kahle Umgebung.

■ oben: Rekultivierte Narzissenwiesen der NRW-Stiftung im Perlebachtal (Hocheifel).
■ unten: Blumenwiese mit Zierlauch und Prärielilien in Highgrove Gardens von Prince Charles.

Selbst aus bescheidenen Anfängen entwickeln sich im Laufe der Zeit immer mehr Zwiebeln und Blüten, Ameisen helfen beim Verbreiten des Samens von Schneeglöckchen, Schneeglanz und Krokussen (erst Wild- und etwas später Kultursorten), die uns bei günstiger Witterung schon ab Ende Januar erfreuen. Während sich ringsum her noch alles karg und braun in Winterruhe verbirgt, lugen schon die ersten Blattspitzen durch die Schneedecke und auf der Wiese beginnt das neue Gartenjahr.

Das Pflanzen lohnt sich besonders auf lehmigen, feuchten und nährstoffreicheren Böden, die sonst für Wiesenblumen etwas problematisch sind. Einige Grundvoraussetzungen müssen jedoch gegeben sein, sonst gelingt das Verwildern in naturbelassener Umgebung nicht.

■ Für ein natürliches Aussehen streut man die Blumenzwiebeln mit lockerem Schwung aus und setzt sie dort ein.

Wir benötigen:

■ Feuchte, etwas anlehmige und fruchtbare Böden, damit sich auch die zahlreichen Nachkommen der eingesetzten Blumenzwiebeln ausreichend ernähren können.

■ Gartenecken am Gehölzrand oder unter Gehölzen oder im Rasen, wo sich die Pflanzen über viele Jahre hinweg ungestört vermehren können.

■ Rasenflächen, die erst sehr spät gemäht werden, damit sich das Blumenzwiebellaub ausreichend entwickeln und ungestört langsam einziehen kann.

All diese Bedingungen bietet eine Blumenwiese oder zumindest ein Rasen, den man an einigen Stellen (zum Beispiel in Mähinseln) erst 5–6 Wochen später mäht. Den Zwiebelblumen bleibt so Gelegenheit, Nährstoffe zu sammeln für die Blüte im nächsten Jahr und langsam einzuziehen.

Tipps zum Pflanzen

Zum Verwildern sollte man immer eine größere Zahl von Zwiebeln ausbringen – besser 100 oder 500 als nur 5 Stück. Zwischen September und November werden die Zwiebeln mit lockerem Schwung unregelmäßig verteilt und dort eingesetzt, wo sie gerade liegen. Dazu eignen sich ein Blumenzwiebelpflanzer oder eine Pflanzschaufel. Gut bewährt hat sich auch das Ausheben von Rasensoden. Auf den nun frei liegenden Boden werden mehrere Zwiebeln locker ausgelegt, die Rasensode darüber gelegt und mit den Schuhen angetreten. Gründliches Angießen stellt danach den erforderlichen Bodenschluss her und regt die Wurzelbildung der Blumenzwiebeln an.

Das Pflanzloch muss lockeren, nährstoffreichen Boden enthalten, dazu kann man etwas Hornspäne ins Pflanzloch geben. Obwohl sie noch bis zum Beginn dauerhafter Fröste in den Boden gesetzt werden können, sollte man idealerweise im Oktober pflanzen, damit sich die Zwiebeln noch gut bewurzeln können. Das fördert die Entwicklung kräftiger Pflanzen und gibt ihnen eine gute Grundlage, die sich noch in den kommenden Jahren auswirkt.

Weitere Pflege

Verwildernde Zwiebelblumen brauchen kaum Pflege, auch kein zusätzliches Gießen. Wenn sie inmitten anderer heranwachsender Blumen oder Gräser in Ruhe einziehen können und kein Mäher ihre Entwicklung vorzeitig stört, ist schon über Sommer für den nächsten Frühjahrsflor gesorgt. Bei Krokussen, Blausternchen und Schneeglanz ist dies schon Anfang April der Fall, sodass selbst in einem betretbaren Blumenrasen nur der erste Gräserschnitt ausfallen muss.

Bei Herbstzeitlosen vollzieht sich die Blattentwicklung unabhängig von der herbstlichen Blüte im Frühjahr, über Sommer ziehen die oberirdischen Organe ein und können beim ersten Wildblumenschnitt mit abgemäht werden. Ab Ende August–Oktober entfalten sich dann auf der Wiese – ganz ohne Blätter und damit ein ungewohnter zauberhafter Anblick – die zahlreichen rosa oder weißen Blüten. Wichtig: alle Pflanzenteile sind giftig, nur mit Handschuhen anfassen und Kinder fern halten.

Düngen, womit und wann?

Verfügt der Boden über viel natürliche Fruchtbarkeit, ist er lehmig und feucht, braucht man sich um das Düngen nicht extra zu kümmern. Ganz anders stellt sich die Lage auf mageren, sandigen Wiesen dar. Hier und an Gehölzrändern entziehen die meisten Zwiebelblumen dem Boden reichlich Nährstoffe. Vermehren sie sich dann noch zahlreich, erschöpfen sich die immer dichter werdenden Bestände bald und die Jungpflanzen bilden zwar Blätter, kommen aber aufgrund von Nährstoffmangel nur spärlich zum Blühen. Dem lässt sich mit Gaben von organischem Dünger wie Horngries oder organisch-mineralischem Dünger entgegen wirken, ebenso mit dem Ausstreuen von reifem Kompost (2–3 Liter/m²). Besonders Narzissen, aber auch Krokusse und Tulpen haben einen hohen Bedarf an Nährstoffen, der auf mageren Böden bald ergänzt werden muss. Die beste Zeit dafür ist der beginnende Frühling/Ende Februar–März, wenn schon die ersten Blattspitzen durch den Boden stoßen und damit den Standort der Zwiebelblumen verraten.

20–30 g/m² eines organisch-mineralischen Volldüngers werden dann in Pflanzennähe oder breitflächig auf der Wiese ausgestreut, aber nicht eingearbeitet. Spätere Düngung gefährdet die schnell wachsenden Blätter, sie käme außerdem nicht mehr richtig zur Wirkung.

Narzissen bilden jedes Jahr neue Zwiebeln, die den Bestand so verdichten können, dass der Blütenreichtum erlahmt. Abhilfe verschafft das Ausgraben, Teilen und neues Auspflanzen, wobei reichlich Zwiebeln für neue Verwilderungsareale anfallen. Ideal dafür sind die Wochen nach der Blüte, bevor die Blätter welken und die Zwiebeln einziehen. Auch die Horste von Schneeglöckchen kann man gleich nach der Blüte teilen und an neuer Stelle einsetzen.

Blütenteppiche unter Bäumen

Unter dem Schatten und Falllaub von Gehölzen können nur wenige Stauden und Zwiebelblumen überleben und dann auch noch blühen. Am besten gelingt dies solchen, die schon frühzeitig ihr Wachstum abschließen und in Form von Rhizomen oder Zwiebeln den Winter überdauern. So den erstaunlich widerstandsfähigen Maiglöckchen die im Mai mit weißen Glockenblüten und herrlich zart-süßem Duft überraschen und ansonsten von Mai bis November dichte Blätterteppiche bilden. Fast zur gleichen Zeit blühen herrlich blau die englischen Hasenglöckchen. Problemlos wachsen sie durch dichte Laubdecken und nutzen die beim Verrotten entstehenden Nährstoffe zu massenhafter Vermehrung aus den verstreuten Samen. Anfang Juni folgen die weißen Blüten des Glöckchenlauchs der mit ähnlichen Eigenschaften aufwarten kann. Besondere Gartenschätze sind auch die rosa-weißen Trupps des winterharten Herbstalpenveilchens, dann schließt sich das Vorfrühlingsalpenveilchen an.

■ Schachbrettblumen sind bei uns auf sumpfigen Wiesen heimisch. Im Naturgarten passen sie in die feuchte Umgebung von Teichen und Bächen.

■ oben: Krokusse bilden üppiche Blütenteppiche, die von Bienen bestäubt werden.
■ unten: Das Blausternchen breitet sich leicht zwischen lockerem Gras und unter Bäumen aus.

Die besten Zwiebelblumen zum Verwildern

Die Blütezeit in der Wiese lässt sich mit Zwiebelblumen leicht ergänzen und verlängern. Mit den folgenden Arten gelingt das problemlos vom zeitigen Frühjahr bis in den November. Die Reihenfolge richtet sich nach der Blütezeit, die frühesten Farben- und Nektarbringer werden zuerst beschrieben, die spätesten zum Schluss. Weil sie schon bald ihre Wachstumszeit abschließen und einziehen, kann der Standort auch halbschattig oder von Bäumen beeinflusst sein. Hauptsache, der Boden ist immer durchlässig, denn Staunässe vertragen sie nicht.

1 Schneeglöckchen, *Galanthus nivalis*

Mit Schneeglöckchen beginnt in milden Wintern schon ab Ende Januar der Frühling. Nach anfangs langsamem Start vermehren sich die Zwiebeln auf mäßig feuchtem (frischem) Untergrund immer üppiger durch gereiften Samen und breiten sich truppweise aus. Während der Blütezeit kann man die Zwiebeln auch in Büscheln ausgraben und damit an anderen Orten neue Nester beginnen. Neben der am meisten bekannten *G. nivalis* (Höhe: 10 cm) sind auch die deutlich großblütigeren und großblättrigeren *G. elwesii* (Höhe: 15 cm) zum Verwildern interessant. Beide bieten den früh herumstreifenden Bienen und Hummeln die erste und sehr begehrte Nahrung. Blütezeit: Ende Januar–Februar. Pflanzabstand: ca. 10 cm.

2 Winterling, *Eranthis hyemalis*

Eher im Schutz einer leichten Laubdecke, also am Gehölzrand, im Gebüsch und nur in schütterem Rasen fühlen sich die leuchtend gelben Winterlinge wohl. Dort können sie sich zu dichten Beständen ausbreiten. Weil sie mit als Erste nach dem langen Winter viel Pollen und Nektar anbieten, werden Winterlinge an sonnigen Tagen von Insekten regelrecht gestürmt. Der Samen benötigt lockeren, feuchten Boden, um sich zu verankern. Daher nicht mit der Harke das Laub entfernen, wenn man sich einen Blütenteppich aus Winterlingen wünscht! Blütezeit: Februar–März. Höhe: 10 cm. Pflanzabstand: 10–15 cm.

3 Krokusse, *Crocus* spec.

Unsere heimischen Wildkrokusse aus den Alpen öffnen gleich nach der Schneeschmelze ihre weiß-lila Blüten. Man findet sie selten im Handel. Dafür sind die sehr frühen, kleinblütigen Wildkrokusse vom Balkan und aus Kleinasien besonders attraktiv und vermehrungsfreudig. Auch mit den etwas später blühenden, großblütigen Kultursorten gibt es selbst auf leichteren Böden keine Probleme. Sie vermehren sich reichlich über Samen, die von Ameisen verbreitet werden und Knollen, die schnell verwildern. Je nach Geschmack kann man eine ostereierbunte Krokuswiese mit farbigen Kultursorten anlegen oder mehr Wert auf Ton-in-Ton-Pflanzungen oder auf den Wild- charakter legen.

Besonders zeitig blüht *Crocus chrysanthus*, eine robuste Wildart vom Balkan mit wunderschönen Sorten wie 'Ard Schenk' (weiß mit gelber Mitte), 'Blue Bird' (außen violett, innen weiß), 'Blue Pearl' (hellblau) und 'Prins Claus' (violett-blau und weiß) sowie der zartlila Elfenkrokus *(Crocus tommasinianus).* Beide können sich zu bezau- bernden Blütenteppichen von beachtlichen Aus- maßen entwickeln. Besonders auffällige Farben zeigen *Crocus sieberi* 'Tricolor' (violett-gelb-weiß) und 'Cream Beauty' (creme-gelb).

An sonnigen Tagen sind alle Krokusblüten weit geöffnet. Alles was fliegen kann, findet sich darauf zum Sammeln von Pollen und Nektar ein. Blütezeit: Ende Februar–Anfang April. Höhe: 5–10 cm. Pflanzabstand: 10–15 cm.

4 Märzenbecher, *Leucojum vernum*

Die in den Alpen heimische Frühlingsknoten- blume blüht in dichten Horsten mit glocken- förmigen weißen Blütenblättern, an deren Spitze grüne Flecken Akzente setzen. Die Zwie- beln sind dünnhäutig und müssen sehr bald nach der Ernte gepflanzt werden, um nicht auszutrocknen. Deshalb sind sie auch selten im Handel. Der Märzenbecher liebt lehmige, humose Böden, er gedeiht auch im Schatten und im Humus des Waldes. Blütezeit: März– April. Höhe: 15–20 cm. Gepflanzt wird in Gruppen, Pflanzabstand: 5–10 cm.

5 Schneeglanz, *Chionodoxa luciliae*

Viel robuster zeigt sich der zierliche, blau-weiße Schneeglanz. Ihm machen die Wiesengräser nichts aus. Ameisen schleppen seinen Samen in alle Richtungen und schon nach 1–2 Jahren sind daraus blühfähige Pflanzen entstanden, die im März an zahlreichen Stellen aus dem Gras wie blaue Edelsteine funkeln. Blütezeit: April. Höhe: 15 cm. Pflanzabstand: ca. 15 cm.

6 Blaustern, *Scilla siberica*

Auch das zierliche Blausternchen sät sich schnell aus und bildet innerhalb weniger Jahre einen üppigen blauen Blütenteppich. Besonders gut gedeihen die Pflanzen unter Bäumen und am schütteren Rand von Blumenwiesen. Schon 4–5 Wochen nach der Blüte ist das Laub eingezogen. Blütezeit: April. Höhe: 10–15 cm. Pflanzabstand: 10–15 cm.

7 Narzissen
Narcissus poeticus und andere Arten

Besonders gut eignen sich Narzissen zum Verwildern. Sie erfreuen uns lange mit einer großen Auswahl an Sorten, schon ab Ende Februar bis Mitte April. Bis auf die gefüllten Züchtungen mit ihren schweren Blütenständen eignen sich nahezu alle Arten und Sorten zum Verwildern. Der Boden sollte möglichst nicht austrocknen, eher feucht, lehmig und nährstoffreich sein. In Deutschland heimisch sind die ca. 25 cm kurze gelbe glockenförmige Wildnarzisse *(Narcissus pseudonarcissus)* und die süß duftende weiße Dichternarzisse *(Narcissus poeticus)* mit ca. 40 cm Höhe.

Meine eigene Narzissenwiese im Hausgarten erforderte nur etwas Geduld und den Mut zu einer »großzügigen Investition« von anfangs 500 Stück. Nach 20 Jahren haben sich die Zwiebeln und Blüten schon massenhaft auf ca. 30 000 vermehrt, und zwischenzeitliches Teilen der Horste hat die Pracht noch um ein Vielfaches gesteigert. Die weißen Dichternarzissen gibt es aus Kulturen im Handel. Die Wildart steht natürlich unter Schutz. Sehr ähnlich ist auch die Kultursorte 'Actaea Alba', deren Zwiebeln jeder gute Händler führt. Eine wunderbare Ergänzung mit herrlichem Duft ist auch die weiße Tränennarzisse *(Narcissus triandrus* 'Thalia'), die zur gleichen späten Zeit blüht. Dauerhafte Freude hat man auch an verbreiteten Osterglocken-Züchtungen wie den robusten Sorten 'Golden Harvest' (gelb) oder 'Mount Hood' (weiß). Blütezeit: März–April. Höhe: 30–40 cm.

8 Strahlenanemonen, *Anemone blanda*

Die bezaubernden Frühjahrsblüher sind heimisch in Italien, sie entfalten schon bald nach dem Tauwetter ihre himmelblauen, rosa oder auch weißen Strahlenblüten. Über Samen vermehren sich die Knollengewächse schnell und zahlreich, können aber auch sporadisch auftreten.

Für Insekten bieten sie reichlich Pollen und Nektar. Zwischen Gräsern können sie sich nicht lange halten, aber an den Rändern von Wiesen, am Rand von Gehölzsäumen und im Halb-

schatten auf humosen Böden verbreiten sie sich leicht. Besonders wüchsig und vermehrungsfreudig ist auch die weiße Sorte 'White Splendour'. Blütezeit: März–Anfang April. Höhe: 15–20 cm.

9 Lerchensporn, *Corydalis cava*

In Europa heimisch ist diese auffallende Art des Lerchensporns, die sich mit vielen rosa Blütentrauben am Rand von Wiesen, unter Bäumen oder Sträuchern aus zartgrünem Laub hervor wagt. Sie braucht in der Wachstumszeit viel Humus, anlehmigen Boden und Feuchtigkeit. An zusagenden Standorten vermehrt sie sich leicht, auf sandigen, trockenen Böden wird eine Ansiedlung der Wurzelknollen selten erfolgreich sein. Schon bald nach der Blüte ziehen die für Schmetterlinge, Hummeln und Bienen wertvollen Futterpflanzen ein. Blütezeit: März–April. Höhe: 20–25 cm.

10 Schachbrettblumen
Fritillaria meleagris

Mit ihren schachbrettartig gezeichneten glockenförmigen Blüten muten die auch »Kiebitzeier« genannten heimischen Wiesenbewohner exotisch an. Die Pflanzen stehen unter strengem Naturschutz, werden jedoch aus Kulturen angeboten und gedeihen als Sumpfbewohner gut zwischen Gräsern und anderen Blumen auf sonnigen, feuchten, nährstoffreichen Wiesen. Die kleinen weißen Knollen dürfen nicht austrocknen, müssen daher nach der Ernte bald gepflanzt werden. Willig blüht in Wiesen auch

F. michailowsky und *F. multiflorum* mit hübschen Glockenblüten in Braun mit gelbem Rand. Blütezeit: April–Mai. Höhe: 20–30 cm.

11 Tulpen, *Tulipa* spec.

Die meisten Tulpen stammen aus den Bergen Klein- und Mittelasiens, wo sie nach einem kurzen, mäßig feuchten Frühling mit einer langen Trockenperiode den heißen Sommer im kargen, oft steinigen Boden überdauern. In einer Wiese gelingen auf Dauer vor allem schnellwüchsige anspruchslose Wildtulpen wie *Tulipa bakeri*, die zierliche Damentulpe (*Tulipa clusiana*, Bild Mitte), die schon von Clusius (dem Begründer der holländischen Tulpenzucht) eingeführt wurde und mit der späten feuerroten *Tulipa sprengeri* (Bild oben die Sorte 'Trotters Form'), die erst Anfang Juni blüht. Die meisten Kultursorten benötigen dagegen reichlich Dünger und sind für eine Wiese zu anspruchsvoll. Eine Besonderheit ist die vermutlich von holländischen Siedlern schon vor Jahrhunderten bei uns eingebürgerte wilde, gelbe Weinbergstulpe, *Tulipa sylvestris*. Sie kommt in Bauerngärten, auf Wiesen und zwischen den Weinstöcken vor. Sie vermehrt sich leicht aus Samen und entwickelt zu dem noch Ausläufer. Blütezeit: März–Juni. Höhe: 20–60 cm.

12 Hasenglöckchen, Bluebell
Endymion non-scriptus

Eine herrliche Wildblumenattraktion ist das Hasenglöckchen, auch Waldhyazinthe genannt. In Deutschland ist sie nahezu unbekannt, doch in England bedeckt die Wildblume zu Milliarden den Waldboden. Die »Bluebells« sind eine Sehenswürdigkeit, die man erlebt haben muss! Das Hasenglöckchen oder die sehr ähnliche etwas größere Waldhyazinthe *(Scilla hispanica)* passen unter Gehölze, zwischen Stauden, aber auch in die Blumenwiese, wo sie sich über Brutzwiebeln und Samen leicht verbreiten. An sonnigen wie auch an schattigen Stellen können sich die Pflanzen behaupten und einen zarten Duft verbreiten. Blütezeit: Mai–Juni. Höhe: 20–25 cm.

13 Glöckchenlauch, *Allium triquetrum*

Dieser Zierlauch ist in Deutschland nahezu unbekannt, in Italien, im Tessin und auf den englischen Inseln jedoch auf feuchten Wiesen und an Waldrändern weit verbreitet. Seine weißen hängenden Glöckchen blühen mit Hasenglöckchen um die Wette, sie verlängern die Blütezeit jedoch um eine Woche. Die ganze Pflanze verströmt leichten Knoblauchduft. Sie sät sich leicht aus und verwildert massenhaft sowohl in der Sonne wie auch im Schatten. Blütezeit: Mai–Juni. Höhe: 20–25 cm.

TIPP Die Kombination von Blauem Hasenglöckchen und weißem Glöckchenlauch *(Allium triquetrum)* kann man in Cornwall auf vielen sonnigen und halbschattigen Wiesen und Böschungen bestaunen. Mit der zweijährigen rosa Lichtnelke *(Silene dioica)* wird ein farbenprächtiges Trio daraus, das sich zum Nachahmen empfiehlt.

14 Vogelmilchstern
Ornithogalum umbellatum

Ebenfalls empfehlenswert ist dieses leicht verwildernde Liliengewächs, auch Stern von Bethlehem genannt, dessen schneeweiße Blüten aus dem Gräsermeer leuchten. Schon bald nach der Blüte haben sich reichlich Samen gebildet und die Blätter ziehen ein. Für sonnige Blumenwiesen ist der Vogelmilchstern hervorragend geeignet. Als einer der spätesten Zwiebel-Frühjahrsblüher ist der Vogelmilchstern besonders wertvoll, noch vor der ersten Mahd bringt er Farbe in die Wiese. Blütezeit: Mai–Juni. Höhe: 25–30 cm.

15 Iranischer Lauch
Allium aflatunense

Die purpurvioletten, kugelrunden Blütenbälle werden zwar meist auf Staudenbeete gepflanzt, doch auch in Blumenwiesen kommt diese anspruchslose Zierlauchart hervorragend zur Geltung. Mit ihrer Blütezeit im Mai überbrückt sie den Flor bis zum Sommerbeginn. Die Blütenbälle bieten ein hervorragendes Nahrungsangebot für Bienen, Hummeln und erste Schmetterlinge. Schon bald nach der Blüte ziehen die Blätter ein. Gepflanzt wird im Herbst, knospige Pflanzen im Topf werden vom Handel auch zunehmend zur Blütezeit angeboten. Im weiten Abstand von 60–80 cm in lockeren Gruppen gepflanzt, entfalten sie beeindruckende Wirkung. Auch die trockenen Samenstände sind noch dekorativ. Dazu passt die weiße Sorte 'Mount Everest'. Blütezeit: Mitte–Ende Mai. Höhe: 70–80 cm.

TIPP Nicht zu dicht pflanzen, die Zwiebeln vermehren sich kräftig.

16 Türkenbundlilie, *Lilium martagon*

Der exotisch wirkende Sommerblüher ist bei uns an Waldrändern auf kalkhaltigen Böden heimisch. Über Samen vermehrt er sich jedoch leicht sogar auf Sand. Zahlreiche märchenhaft gefärbte Blüten erinnern in ihrer Form an aus dem Orient bekannte Turbanhüte. Die wunderschönen Einzelblüten sind aufgereiht an bis zu 130 cm hohen Stängeln. Für Sonne und Halbschatten. Blütezeit: Juni–Juli.

17 Kugelköpfiger Lauch
Allium sphaerocephalon

Ein robuster, vermehrungsfreudiger Zierlauch, dessen Heimat in Nordafrika liegt. Die purpurroten Köpfchen von 2–3 cm Durchmesser erscheinen im Juli auf langen, drahtigen Stielen. Sie werden gern von Floristen für Sträuße genutzt, ziehen aber auch zahlreiche Schmetterlinge und Bienen an. Die Pflanzen gedeihen leicht auf allen Böden und an sonnigen oder halbschattigen Stellen. Blütezeit: Juli–August. Höhe: 100–120 cm.

18 Herbstzeitlose
Colchicum autumnale

Die bei uns auf feuchten, nährstoffreichen Wiesen heimischen Pflanzen entwickeln im Früh-

jahr große, glänzend dunkelgrüne Blätter, die im Juni einziehen. Den Sommer überdauern sie in Form von fleischigen, großen, braunen Zwiebeln, aus denen sich im Herbst ohne jedes Blatt und mitunter auch außerhalb der Erde büschelweise attraktive rosa, violette oder auch weiße Blüten schieben. Schöne Sorten sind *C. autumnale* (heimische Wildart, rosa), *C. bornmuelleri* und 'Lilac Wonder' (violettrosa mit weißem Schlund, großblumig), 'Waterlily' (dicht gefüllt, tiefrosa) und *C. speciosum* 'Album' (cremeweiß mit grünem Schlund).

Wichtig: Alle Pflanzenteile sind hochgiftig. Ihr Zellgift Colchicin kann zu Todesfällen führen. Daher nicht pflanzen, wo Kinder sind, nicht in den Mund nehmen und Berühren von Blättern und Blüten vermeiden. Pflanzzeit: August–Anfang September. Blütezeit: August–Oktober. Höhe der Blüten: 20–25 cm.

19 Safrankrokus, *Crocus byzantinus* (syn. *C. serotinus* ssp. *salzmannii*)

Der echte Safrankrokus aus Südeuropa bringt spät im Herbst zartlila Blüten mit dunklen Streifen. Aus den auffälligen goldgelben Staubgefäßen wird das bekannte teure Gewürz gewonnen, das zum Färben von Reis, Gebäck und Desserts genutzt wird. Die Vermehrung in der Wiese oder am Rand von Gehölzen ist sporadisch. Pflanzzeit: August. Blütezeit: September–November. Höhe: 20–25 cm.
Weitere schöne Herbstkrokusse sind *C. ochroleucus* (weiß), *C. speciosus* (zart lilablau mit dunklen Streifen) und *C. zonatus* (syn. *C. kotschyanus*) in Lilablau mit zartrosa Streifen.

Farbenfrohe Blumenzwiebelmischungen

Bienenparadies, von Kiepenkerl

Frühblüher wie Schneeglöckchen, Krokusse, Winterlinge und Wildtulpen dienen vielen Insekten als erste wertvolle und wichtige Nektar- und Pollenquelle. Mit dieser farbenfrohen Mischung lässt sich im Rasen oder am Gehölzrand schon im Spätwinter bequem ein reichhaltiges Nahrungsangebot für Wild- und Honigbienen schaffen. Nur wenig später folgen Strahlenanemonen, Schneeglanz und Blausternchen nach. Sie alle verwildern leicht und vermehren sich über die Jahre zu üppigen bunten Blütenteppichen.

Nützlingsparadies, von Sperli

Diese zeitigen Blüher bieten hungrigen Wild- und Honigbienen sowie vielen Hummeln und anderen nützlichen Insekten ab März–April ein reichhaltiges Nahrungsangebot. Die Mischung besteht vorwiegend aus anspruchslosen, leicht gedeihenden Wildtulpen wie *Tulipa tarda*, *T. linifolia*, *T. turkestanica*, *T. urumensis* und dazu süß duftende Traubenhyazinthen. Sie vermehren sich leicht, vor allem auf sandigen und mageren Böden. Für Sonne und Halbschatten. Höhe: 30–40 cm.

Romantic Dreams, von Sperli

Ein herrlicher Duft geht von dieser romantisch wirkenden Mischung aus. Tulpen in rosa-violetten Farben und intensiv süß duftende, weiße Narzissen 'Thalia' blühen von April–Mai. Auch sie werden von zahlreichen Insekten besucht.

Für sonnige Stellen und nährstoffreiche Böden. Ideal auch für Blumenbänder und Blumeninseln. Höhe: 20–60 cm.

White Harmony, von Kiepenkerl

Die süß duftende Mischung besteht aus Zwiebelblumen in trendigem Weiß. Enthalten sind weiße Krokusse, Strahlenanemonen, Narzissen in frühen und späten Sorten, Scilla und weiße Tulpen. Damit ist eine wochenlange Blütezeit gesichert von März–Ende April. Auch sie offerieren viel Pollen und Nektar für die Insektenwelt. Für nährstoffreiche Blumenwiesen und Gehölzränder an sonnigen und halbschattigen Stellen. Höhe: 10–40 cm.

Summer Fire, von Kiepenkerl

Die fröhlich-bunte Mischung aus süß duftenden Hyazinthen, Narzissen und Tulpen blüht ebenfalls lange von Ende März–Mai. Sie passt auf nährstoffreiche Böden, in lockere Wiesen und Gehölzränder, auf Blumeninseln und in Blumenbänder. Die Blüten locken viele Hummeln und Bienen in den Garten. Für sonnige Böden. Höhe: 20–50 cm.

Buntes Blumenband, von Küpper

Fröhlich-bunt präsentiert sich diese wüchsige Mischung aus verschiedenen Tulpen- und Narzissensorten, überwiegend in Gelb und Orange. Pflanzt man sie als Band in den Rasen oder in die Blumenwiese, kann man jede einzelne in voller Schönheit genießen. Dazu kommt noch ein leichter süßer Duft, der auch auf Insekten anziehend wirkt. Für sonnige und halbschattige Stellen. Höhe: 20–50 cm.

Verwilderungswiese, von Küpper

Mit dieser Kombination von leicht gedeihenden Wildtulpen wie *Tulipa clusiana* und *Tulipa tarda* von Sommermärzenbecher *(Leucojum vernum)* und verschiedenen süß duftenden Traubenhyazinthen kann das Verwildern beginnen. Der Boden sollte nährstoffreich, humos und nicht allzu trocken sein. Für sonnige Stellen. Höhe: 15–40 cm.

Schmetterlingsmischung, von Sperli

Diese artenreiche Blumenzwiebelmischung lädt zahlreiche Schmetterlinge und natürlich auch viele andere Insekten wie Bienen, Hummeln und Schwebfliegen zum Verweilen ein. Über viele Monate hinweg finden sie im Frühling reichlich Nahrung an weißen Frühlingsanemonen und hellblauen Prärielilien *(Camassia quamash)*, im Sommer an leicht gedeihenden gelben Ixien und purpurroten Blütenständen des Kugelköpfigen Lauchs *(Allium sphaerocephalon)*. Die Blütezeit dauert über den Sommer hinweg von Mai–August. Für alle Böden, für Sonne und Halbschatten. Höhe: 20–60 cm.

■ Die Blumenzwiebel-Mischung Romantic Dreams von Sperli enthält viele duftende Narzissen.

■ Die Schmetterlingsmischung von Sperli bietet nektarreiche Blüten von Frühling bis Sommer.

Adressen, die Ihnen weiterhelfen

W. Neudorff GmbH KG
Postfach 1209
31857 Emmerthal
www.neudorff.de

Küpper
Blumenzwiebeln und
Saaten GmbH
Hessenring 22
37269 Eschwege
www.kuepper-bulbs.de

NRW-Stiftung
Natur - Heimat - Kultur
Roßstr. 133
40476 Düsseldorf
www.nrw-stiftung.de

Gärtner Pötschke
Versandgärtnerei
Beuthener Str. 4
41561 Kaarst
www.poetschke.de

Stauden Forum GbR
Sensenfeld 142
46244 Bottrop
www.staudenforum.de

Kiepenkerl
Bruno Nebelung GmbH
Postfach 1263
48348 Everswinkel
www.nebelung.de

Sperli-Samen GmbH
Freckenhorster Str. 32
48351 Everswinkel
www.sperli.de

Bioland-Gärtnerei für
Kräuter-und Wildpflanzen
Strickler
Lochgasse 1
55232 Alzey-Heimersheim
www.gaertnerei-strickler.de

Bingenheimer Saatgut AG
Ökologische Saaten
Ronstraße 24
61209 Echzell-Bingenheim
www.bingenheimersaatgut.de

Stadt Mössingen,
die Blumenstadt
Landkreis Tübingen
Freiherr-vom Stein-Straße 20
72116 Mössingen
www.moessingen.de

Dürr Samen
Bayernstraße 24
72768 Reutlingen
www.duerr-samen.de

Naturgarten e. V.
Verein für naturnahe Garten-
und Landschaftsgestaltung
Kernerstr. 64
74076 Heilbronn
www.naturgarten.org

Rieger-Hofmann GmbH
In den Wildblumen 7
74572 Blaufelden-Rabolds-
hausen
www.rieger-hofmann.de

Syringa Duftpflanzen
und Kräuter
Bachstr. 7
78247 Hilzingen-Binningen
www.syringa-pflanzen.de

Garten & Orchideen
Gerd Adolph
Waldsiedlung 18
82054 Sauerlach
www.gartenorchideen-shop.de

Die Blumenmatte
Fa. Fischer
Vertrieb über
Landshuter Werkstätten
GmbH
Sonnenring 4
84032 Altdorf/Landshut
www.blumenmatte.de

Schwab Rollrasen GmbH
Haid am Rain 3
86579 Waidhofen
www.schwab-rollrasen.de
(Wildkräuterrasen)

Staudengärtnerei Gaißmayer
Jungviehweide 3
89257 Illertissen
www.gaissmayer.de

Schweiz
Samen-Mauser
Postfach 67
CH-8404 Winterthur
www.samen-mauser.ch

Stichwortverzeichnis

Bildnachweis

Alle Fotos vom Autor, außer:
Bildagentur Zoonar GmbH - shutterstock: 63o, 65or; Bruno Nebelung GmbH/Kiepenkerl: 5l, 23; Burkhard Trautsch – shutterstock: 33m; Büro Haase & Soehmisch: 49o; emer – Fotolia: 65ul, 73; Fischer: 43; FK-Lichtbilder – Fotolia: 12l; Flora Press/Bildagentur Beck: 69ol; Flora Press/Gudrun Peschel: 67m; Flora Press/GWI: 78; Flora Press/Helga Noack: 19l; Flora Press/Hubert & Klein: 31m; Flora Press/Martin Hughes-Jones: 65ol, 71u; Flora Press/MBPimages: 65ml, 69ml; Flora Press/Nova Photo Graphik: 1, 31o; Flora Press/Sabine Jacobs: 69ur; Flora Press/The Garden Collection/James Kerr: 80, 85ur; Flora Press/The Garden Collection/Torie Chugg: 87o; Flora Press/Visions: 85ol, 89; GAP Photos/A.Butler/Highgrove: 77u; GAP Photos: 46; ileana_bt - shutterstock: 29mr; Jeanette Dietl – Fotolia: 69ul; Kosmos 111 – shutterstock: 71o; kukuruxa – shutterstock: 85ul; Marcel Derweduwen – shutterstock: 11r; MarkMirror – shutterstock: 11l; Martin Fowler – shutterstock: 65ur, 67u; Mauritius images – Fritz Rauschenbach: 34/35; mauritius images / imageBROKER / Ingo Schulz: 10; mauritius images / Photoshot: 12r; Melinda Fawwer – shutterstock: 69or; oksana2010 – shutterstock: 63m; Skorpionik00 - shutterstock: 33o; Stadt Mössingen: 4r, 6, 20, 21; Strauß: 17, 18l, 19r, 22, 41, 65mr; sunset man – Fotolia: 71m; Timmermann: 5r, 26, 38, 39; Wildsaaten: 53; wwicki63 - Fotolia.com: 63u; www.neudorff.de: 4l, 54, 55; www.sperli.de: 9, 91; www.syringa-pflanzen.de: 48, 49u, 51; Yevgen Sundikov – shutterstock: 69mr

Über den Autor

Siegfried Stein, Diplom-Ingenieur für Gartenbau, ist bekannt als Journalist und langjähriger Autor beim BLV Buchverlag München. Er verfügt über eine reiche Erfahrung im Profi- und Hobbygartenbau. Aus eigener Praxis kennt sich der Saatgutspezialist aus mit Wildblumen, einjährigen Sommerblumen und daraus entwickelten Samenmischungen. Schon 1975 legte er in seinem norddeutschen Naturgarten eine mehrjährige Wildblumenwiese an, die seitdem immer schöner wurde, auch dank Ergänzungen mit Zwiebelblumen. Über seine Ideen und Erfahrungen berichtet er in Zeitschriften und zahlreichen Büchern in Deutschland, Österreich und in der Schweiz.

Impressum

Bibliografische Information der Deutschen Nationalbibliothek

Die Deutsche Nationalbibliothek verzeichnet diese Publikation in der Deutschen Nationalbibliografie; detaillierte bibliografische Daten sind im Internet über http://dnb.d-nb.de abrufbar.

BLV Buchverlag
GmbH & Co. KG
80797 München

© 2015 BLV Buchverlag GmbH & Co. KG, München

Umschlagfotos:
Vorderseite: GAP Photos/Dave Zubraski
Rückseite: Bruno Nebelung GmbH/Kiepenkerl

Lektorat: Rita Meixner

Herstellung: Hermann Maxant
Satz und Layout: Uhl + Massopust, Aalen

Gedruckt auf chlorfrei gebleichtem Papier

Printed in Germany

ISBN 978-3-8354-1348-1

Hinweis
Das vorliegende Buch wurde sorgfältig erarbeitet. Dennoch erfolgen alle Angaben ohne Gewähr. Weder Autorin noch Verlag können für eventuelle Nachteile oder Schäden, die aus den im Buch vorgestellten Informationen resultieren, eine Haftung übernehmen.

www.facebook.com/blvVerlag

Lebensraum Naturgarten: das umfassende Know-how

Bärbel Oftring
Das BLV Handbuch Naturgarten
Der Natur Raum geben im Garten. Grundlagen, Gestaltungen, die
Naturgarten-Pflanzen im Porträt, Pflegepraxis, Nutz- und Ziergarten,
Wildtieren eine Heimat geben – von Vogel bis Schmetterling. Extra:
der Kreislauf der Natur in den Jahreszeiten mit Arbeitskalender
ISBN 978-3-8354-1344-3

www.blv.de